证券投资学实训教程

董雪梅　李　莹　姜　睿　主编

清华大学出版社
北京

内 容 简 介

为迎接时代的挑战,应对严峻的就业形势,更好地适应岗位需求,高校一方面需要向学生教授专业知识,一方面要提高学生的实践能力、岗位适应能力。证券投资学实训课程,是理论知识指导与专业实战经验支撑的结合体。本书围绕投资基础工具、投资实训两大部分,分别探讨了证券投资基础工具的投资实训以及证券投资公司实际业务实训等内容。本书不仅在框架体系上有所创新,而且对各实验的内容也进行了不同程度的更新和充实。每个实验内容包括"实验目的""实验要求""实验内容""实验材料""实验步骤""思政融入案例""实验思考"等栏目。除出版纸质教材外,本书还链接相关基础理论知识的网络视频,为读者对实训知识进一步了解和掌握提供辅助参考。

本书可作为高等学校投资学、保险学、会计学、金融学、财务管理、经济学、国际经济与贸易等经济管理类专业"投资学"课程实验实训教材,也可作为行业岗位培训的培训教材。

图书在版编目(CIP)数据

证券投资学实训教程/董雪梅,李莹,姜睿主编. —北京:清华大学出版社,2022.2 (2024.8重印)
ISBN 978-7-302-60007-7

Ⅰ. ①证… Ⅱ. ①董… ②李… ③姜… Ⅲ. ①证券投资—教材 Ⅳ. ①F830.91

中国版本图书馆 CIP 数据核字(2022)第 010807 号

责任编辑:陈冬梅
装帧设计:李 坤
责任校对:周剑云
责任印制:刘海龙

出版发行:清华大学出版社
       网   址:https://www.tup.com.cn,https://www.wqxuetang.com
       地   址:北京清华大学学研大厦 A 座   邮   编:100084
       社 总 机:010-83470000   邮   购:010-62786544
       投稿与读者服务:010-62776969, c-service@tup.tsinghua.edu.cn
       质量反馈:010-62772015, zhiliang@tup.tsinghua.edu.cn
       课件下载:https://www.tup.com.cn,010-62791865
印 装 者:三河市科茂嘉荣印务有限公司
经   销:全国新华书店
开   本:185mm×260mm   印   张:16.75   字   数:406千字
版   次:2022 年 2 月第 1 版   印   次:2024 年 8 月第 3 次印刷
定   价:49.80 元

产品编号:092409-01

前　言

1. 目标定位

投资学教育的目标定位是培养基础理论扎实、实践能力强、创新意识浓、适应地方经济发展需要，系统掌握经济、金融和投资等专业知识，具备较强的投资分析能力、投资业务管理能力、财富管理能力，能够终身学习和自我优化，能在证券、银行、保险等金融领域从事与金融投资相关的证券经纪、投资分析、资产管理、理财规划、柜面服务、综合金融服务等工作的高素质应用型人才。

"证券投资学实训教程"是在学生已经基本掌握宏观经济学、微观经济学基础知识，了解证券投资学基础知识和基本理论的前提条件下，主要着重于投资工具的运用和创新、投资基本分析方法的了解和掌握、综合案例分析以及投资组合管理等方面知识的介绍。目的在于向学生系统阐述有关投资方面的基本技能，使学生掌握证券市场的基本投资策略和方法、投资分析和管理、投资业绩评估等专业知识。在学习过程中提高综合分析问题和解决问题的能力，加强创新能力的培养，为今后从事相关工作打下基础。

2. 教程特点

"证券投资学实训教程"是在"证券投资学教程"基础上实施的教学内容，证券投资学的基础理论知识在"证券投资学教程"中已经系统阐述，在"证券投资学实训教程"中基本理论只是提纲挈领地、总结性地体现，起到导引的作用。本教程的特点表现在以下几个方面。

(1) 实验内容系统、规范。"证券投资学实训教程"涵盖证券投资过程中涉及的基本工具、基本分析和技术分析的运用及其策略，一级市场和二级市场的业务操作，业务实验过程系统、规范。

(2) 实验过程可操作性强。每一项实验都突出强调操作的重点和难点、实施过程的要点，可操作性比较强，老师讲授有落点，学生操作有抓手。

(3) 实验效果与行业融合度高。以行业业务运行为实验项目设计的基点，每一项实验都是由业务需求凝结、提炼而成，大多实验素材是实际业务的虚拟仿真，实验要求与行业发展和运行紧密结合。

3. 课程实施

(1) 多门课程的实验课指导教程。"证券投资学实训教程"是证券投资学课程实验部分学习、指导的重要依据，涉及证券投资学课程实验的所有内容。每一位学生在教师的指导下或独立认真地完成全部的实验实训内容，将会对证券投资各业务及相关岗位职责有基本的认识，对相关业务流程、业务要求和业务技巧有基本了解，为日后岗位就业奠定坚实的基础，岗位上手快，业务运行会比较顺畅。除此之外，本书也可作为其他课程，比如"投资银行学""证券发行与承销""证券投资分析"等课程的实验指导手册，在这些课程的实验过程中可以选用相关部分作为实验操作的指导内容。

(2) 实训课的主体指南。在大学中期专业实训课的进行过程中，模拟证券公司(投资银行)的岗位设置，采取分组轮岗的实训形式，把每个学生分配到不同的岗位，由学生去承担这些岗位的角色，完成这些岗位应该完成的工作。本书可以作为实训课进行过程的操作指南、实训业务操作的依据。

(3) 配套教材互补助力。证券投资学实验实训课程中涉及基础理论知识，可以关注主教材，扫码进入观看教学视频、了解相关基础知识，减少基础知识压力，为实验实训过程的顺利进行助力。

(4) 思政融入案例一举多效。每一个思政融入案例，使学生不仅提高课程知识和能力，同时在思想和世界观方面也会有所感悟和提升。与此同时，也能引发教师思政思考和探索，起到抛砖引玉的作用。

4. 实验过程中应注意的问题

在投资学实训教学过程中，指导教师要注意以下问题。

(1) 要根据不同专业的课程定位、要求以及学时分配情况，对实验项目进行选择，形成有针对性的课程体系结构，达成课程目标，不能一刀切。

(2) 要共性化教学和个性化教学相融合。按照教学大纲的规定、课程体系的设计统一要求学生掌握知识和运用知识的实践能力，同时也要根据学生掌握和反应情况，采用不同的要求，对于有余力的学生要求其深入探讨问题，提出更高的实践能力的训练要求，个性化教学才能使学生得到最大程度的提高。

编　者

目 录

第一部分　基础工具篇

第二部分　投资实训篇

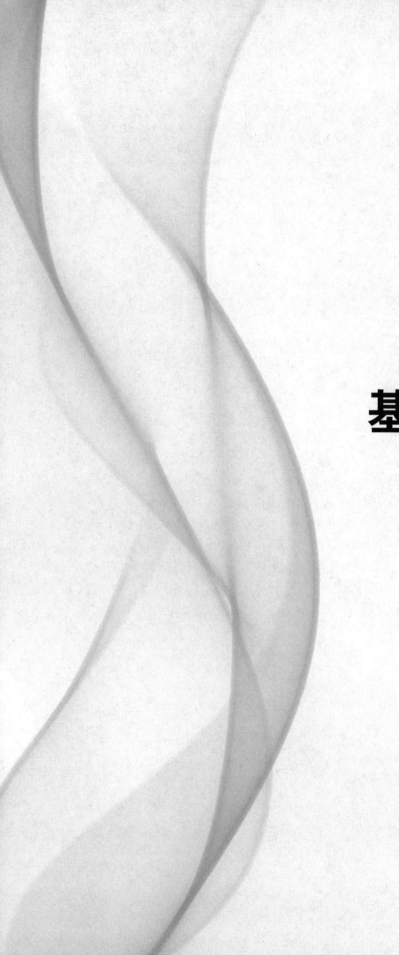

第一部分

基础工具篇

实验一　股票行情认知实验

实验目的

　　本实验是证券投资学的后续配套实践环节。学生通过模拟实验，分析证券交易的具体操作流程，重点掌握股票交易的登录方式、买卖股票的具体操作流程和相关注意事项，借此加强对证券交易市场的功能、地位的了解，培养学生投资软件的使用能力。

实验要求

　　(1)　任意选择一家证券公司或专业证券销售机构，在同花顺模拟炒股程序中进行免费交易。

　　(2)　给定 100 万元资金，设计股票投资方案，跟踪股票投资价值变化，每周完成如下投资交易报告。

股票名称	投资金额	投资比例	买入价	盈亏率
总盈亏		总盈亏率		

实验内容

利用模拟交易软件进行证券行情软件盘面操作的实验。

实验材料

(1)　大智慧、同花顺、钱龙、通达信等金融数据库软件。

(2)　可登录相关财经网站、相关数据采集点的网络资源、各上市公司的官方网站。

(3)　学生端 PC 设备。

软件条件：国泰君安模拟交易所、同花顺模拟交易教学软件。

实验步骤

视频——同花顺：股民学校

行情分析软件的使用熟练程度是考核一个从业人员专业能力的重要参考指标之一，所以必须熟练掌握网上证券行情分析软件的操作和明白软件中涉及的名词等。

一、行情软件盘面解释

想熟练使用任何一款行情软件离不开对盘面的理解，在理解的基础上才能更好地使用行情软件的相应功能。

股票行情盘面的解释如下(参考图1-1)。

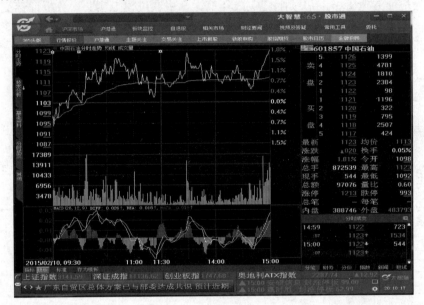

图1-1　中石油盘面

1. 价位

价位是指买卖价格的升降单位，价位的高低随着股票每股市价的不同而异。价位包括开盘价、收盘价、最高价、最低价等。

开盘价，指每个交易日开市后，每只证券的第一笔成交价格。

收盘价，通常指某种证券在证券交易所每个交易日里的最后一笔买卖成交价格。

最高价，是指某种证券在每个交易日从开市到收市的交易过程中所产生的最高价格。如果当日该种证券成交价格没有发生变化，最高价就是即时价；若当日该种证券停牌，则最高价就是前收市价。如果证券市场实施了涨停板制度或涨幅限制制度，则最高价不得超过前市收盘价×(1+最大允许涨幅比率)。

最低价，是指某种证券在每个交易日从开市到收市的交易过程中所产生的最低价格。如果当日该种证券成交价格没有发生变化，最低价就是即时价；若当日该种证券停牌，则最低价就是前市收市价。如果证券市场实施了跌停板制度或跌幅限制制度，则最低价不得低于前市收盘价×(1-最大允许跌幅比率)。

成交价，是指某种证券在交易日从开市到收市的交易过程中所即时产生的成交价格。成交价揭示行情不停变动。直到当日该种证券收市后，成交价也就是收市价。成交价是股票的成交价格，它是按如下原则确立的：最高的买入申报与最低的卖出申报相同；在连续竞价状态，高于卖出价的买入申报以卖出价成交；低于买入价的卖出申报以买入价成交。有的分析软件中显示为最新，表示为当前的最新价，和成交价意义相同。

2．成交量和成交金额

成交量是指股票成交的数量，单位为股或手，1 手=100 股。其中：总手是指到目前为止此股票成交的总数量，现手是指刚刚成交的那一笔股票数量。成交金额是指已成交证券(股票)的价值。用货币表示成交量，单位为元或万元。有的分析软件中显示为总额。

3．涨跌

涨跌是指当日股票最新价与前一日收盘价格(或前一日收盘指数)相比的百分比幅度，正值为上涨，负值为下跌，否则为持平。涨幅，是现价和上一个交易日收盘价的差价，(当前价-昨收盘价)÷昨收盘价×100%，正值为涨，负值为跌。

4．内盘、外盘

内盘就是股票在买入价成交，成交价为委托买入价，说明抛盘比较踊跃。外盘就是股票在卖出价成交，成交价为委托卖出价，说明买盘比较积极。

5．现手和总手

现手就是最近一笔的成交量，总手就是今天的总成交量。

【例 1-1】如果 A 下单 10 元买 1000 股，B 下单 10.01 元卖 3000 股，当然不会成交。这里的 10 元就是买入价，10.01 元就是卖出价。

这时，有 C 下单 10.01 元买 2000 股，于是 B 的股票中就有 2000 股卖给 C 了(还有 1000 股没有卖出去)，这时候，成交价是 10.01 元，现手就是 20 手即 2000 股，显示 20，显示的颜色是红的。

还是上面的情况，如果 D 下单 10 元卖 2000 股，于是 A 和 D 就成交了，这时候成交价是 10 元，由于 A 只买 1000 股，因此成交了 1000 股，现手是 10，颜色是绿的。

因此，主动去适应卖方的价格而成交的，就是红色；主动迎合买方的价格而成交的，就是绿色。

6．换手率

换手率也称"周转率"，指在一定时间内市场中股票转手买卖的频率，是反映股票流通性强弱的指标之一。换言之，换手率就是当天的成交股数与流通股总数的比值。换手率太低，说明成交不活跃，如果是庄股，则说明筹码已基本集中到主力手中，浮筹不多；换手率高，说明交投踊跃，反映主力大量吸货，有较大的活跃度，今后拉高可能性大。

另外，将换手率与股价走势相结合，可以对未来的股价做出一定的预测和判断。某只股票的换手率突然上升，成交量放大，可能意味着有投资者在大量买进，股价可能会随之上扬；如果某只股票持续上涨了一个时期后，换手率又迅速上升，则可能意味着一些获利者要套现，股价可能会下跌。

然而值得注意的是，换手率较高的股票，往往也是短线资金追逐的对象，投机性较强，股价起伏较大，风险也相对较大。一般来讲，一只股票若想有较好的上涨行情，必须保持相对较高的换手率。

7. 委比

委比是衡量一段时间内场内买、卖盘强弱的技术指标。它的计算公式为：委比=(委买手数−委卖手数)/(委买手数+委卖手数)×100%。若"委比"为正值，说明场内买盘较强，反之，则说明市场活力较弱。

8. 量比

量比是衡量相对成交量的指标，它是开市后每分钟的平均成交量与过去 5 个交易日每分钟平均成交量之比。

当量比大于 1 时，说明当日每分钟的平均成交量大于过去 5 日的平均数值，交易比过去 5 日活跃；当量比小于 1 时，说明现在的成交比不上过去 5 日的平均水平。

9. 分时走势图

(1) 白色曲线：表示该种股票即时成交的价格。
(2) 黄色曲线：表示该种股票即时成交的平均价格，即当天成交总金额除以成交总股数。
(3) 黄色柱线：在红白曲线图下方，用来表示每一分钟的成交量。
(4) 成交明细：在盘面的右下方为成交明细显示，显示动态每笔成交的价格和手数。

二、证券行情软件的使用

安装大智慧软件后，可以在桌面上看到启动大智慧软件的快捷方式。双击这一图标，即可弹出大智慧的登录界面，如图 1-2 所示，投资者可以在此界面左侧的"所有主站"列表框中选择网速较快的相应主站。基于投资者所处的地理位置不同，各主站的网速也往往不同，网速较快的主站是投资者可以快速、实时接收行情的保证。

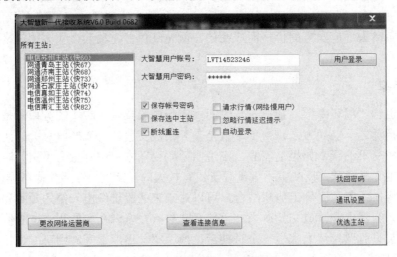

图 1-2　大智慧 365 的登录界面

大智慧 365 软件集成了免费行情和收费行情两种模式，对于免费行情来说，软件往往有默认的用户名和密码，投资者只需单击"用户登录"按钮即可登录大智慧365。

登录进来后，页面如图 1-3 所示，在这里可以看到综合的数据，包括上证指数、深证成指、创业板指、中小板指等。

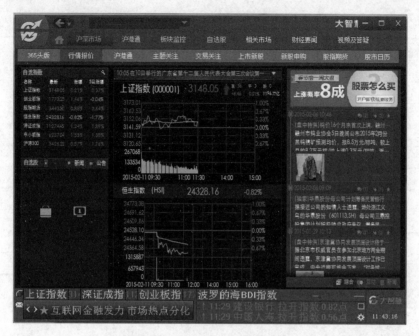

图 1-3 大智慧 365 的主页面

(一)查看指数及个股走势图

第一种方式是通过输入名称的首字母来调出相应的走势图。例如对于上证指数来说，输入"上证指数"这 4 个字的首字母 SZZS，会自动匹配与这 4 个字母相对应的入口点，随后可通过双击这一条目，进入相应的上证指数走势图，如图 1-4 所示。

图 1-4 通过输入名称的首字母查看走势图

第二种方式是直接通过输入相应代码调出。每一种股票指数都有其相应的代码，每一只股票也有其相应的代码，随着投资者对于股票市场的不断熟悉，就会慢慢记住这些常见的代码，在了解这些代码的情况下，可以通过输入代码来调出相应的走势图，如图 1-5 所示。

图 1-5 通过输入代码来查看走势图

第三种方式是通过快捷键调出。很多常用的行情走势及功能都有相应的快捷键，通过快捷键，可以更高效地调出相应的功能组件或行情走势图。表 1-1 是大智慧 365 操作的部分快捷键。

表 1-1　大智慧部分快捷键及操作说明表

快捷键	操作说明	快捷键	操作说明
F1	个股成交明细表	Alt+D	除权标记
F2	个股分价表	Alt+H	当前帮助
F3	上证领先	Alt+I	信息地雷标记
F4	深证领先	Alt+M	最高/最低标记
F5	实时走势图/K 线分析图切换	Alt+Q	退出大智慧
F6	查看[自选一]个股	Alt+X	自选设定
F7	K 线画面下指标参数设定	Alt+Z	选择自选
F8	分析周期切换	Alt+F1	个股概况
F9	K 线画面下划线工具	Alt+F2	板块监测
F10	个股概况	Alt+F5	静态分析

(二)行情软件技术分析功能讲解

图 1-6 所示为 3 图组合调出技术指标 MACD 画面示意图。MACD 指标是一项中、长线指标，投资者在投资时可以参考该指标，也可以对该指标的参数进行设置。

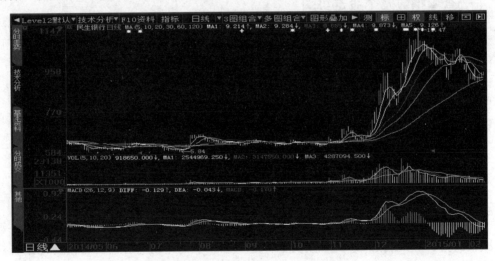

图 1-6　调出技术指标 MACD 示意图

同理，还可以调出其他的指标。图 1-7 为 4 图组合，即在图 1-6 中 3 图组合的基础上调出技术指标 KDJ，可以通过菜单栏中的"3 图组合""4 图组合"来得到 3 图、4 图组合界面显示方案。在图 1-7 中，第二图为民生银行的成交量，第三图为 MACD 指标，第四图为 KDJ 指标。

在某一副图区域调出了相应的技术指标后，可以把这一副图区域切换为显示其他的技术指标，单击这副图下方的技术指标就可以调出其他技术指标，如图 1-8 所示，是把图 1-7 中的第四图的 KDJ 技术指标切换成了 RSI 指标，这可由投资者自行决定，因为不同的投资者习惯使用不同的技术指标。

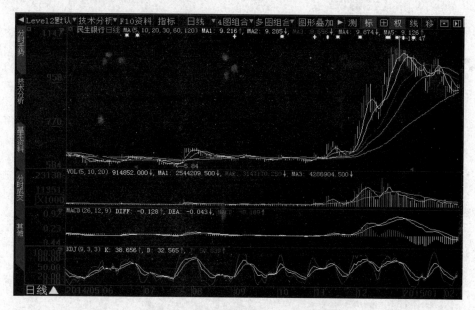

图 1-7　调出技术指标 KDJ 示意图

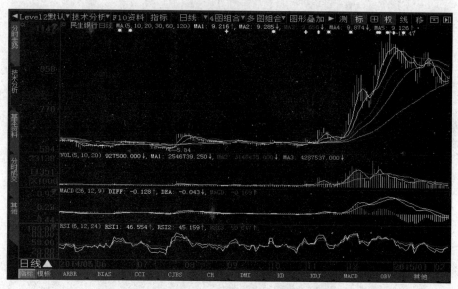

图 1-8　切换技术指标示意图

大智慧 365 包含了丰富的技术指标，既有普通指标，也有专业指标，还有特色指标。可以通过菜单栏中的"常用工具""系统指示"调出系统指标窗口来查看包含的各类指标。如图 1-9 所示为系统指标对话框，在系统指标对话框左侧选择相应的技术指标后，在右侧就会显示相应指标的常用参数设置情况(见图 1-10)。左下方有相应指标的"用法注

"释"和"修改公式"按钮。

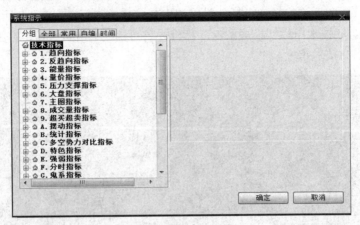

图 1-9　系统指标对话框(1)

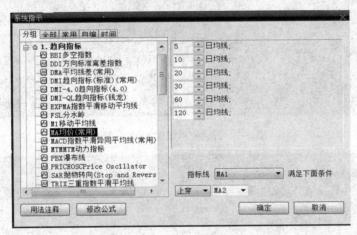

图 1-10　系统指标对话框(2)

　　单击"用法注释"按钮，弹出的界面对这一指标的用法做出了简单的说明。例如对于指数异动平滑平均线 MACD 指标来说，在左侧技术指标导航栏选中这一指标后，单击"用法注释"按钮，将得到如图 1-11 所示的 MACD 用法注释界面。

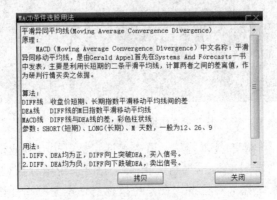

图 1-11　MACD 用法注释界面

使用"修改公式"按钮可以打开相应技术指标的编辑器界面。如图 1-12 所示为 MACD 指标编辑器界面，在这一编辑器界面中，可以对指标的详细参数进行设置。例如，设置其显示方式为"主图叠加"还是"副图"，设定参数的时间周期，修改"买入规则"等。

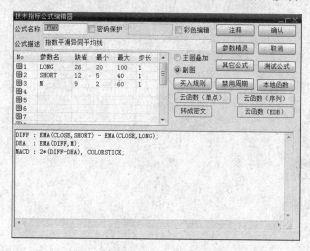

图 1-12　MACD 指标编辑器界面

1. 数据统计功能

在行情表的左侧有"统计"按钮，在"统计"页面下可看到最近 7、30、365 日的阶段涨幅、换手、累计成交量情况，如图 1-13 所示。同时还可以通过单击"涨幅"和"振幅"等表项对其进行排列，从而快速搜寻到有用的信息；通过单击"涨幅"表项，可以很清晰地看到哪些个股处于涨幅排行榜的前列；通过单击"量比"表项，可以很清晰地看到哪些个股处于量比排行榜的前列，如图 1-14 所示。

图 1-13　使用统计功能后的显示图

序号	代码	名称	最新	涨跌	涨幅↓	总手	换手率	现手	总额	昨收
1	000910	大亚科技	908	083	10.06	7289	0.14	2	662	825
2	600234	山水文化	1238	113	10.04	107221	5.30	58	12707	1125
3	603799	华友钴业	1623	148	10.03	12254	1.35	10	1989	1475
4	002467	二六三	1810	165	10.03	678622	17.15	69	119807	1645
5	300051	三五互联	1503	137	10.03	541535	26.37	5752	78420	1366
6	600518	康美药业	1823	166	10.02	1827125	8.31	5	323299	1657
7	002306	中科云网	615	056	10.02	639676	9.81	289	38515	559
8	000428	华天酒店	670	061	10.02	516606	7.19	2767	33763	609
9	300208	恒顺电气	1450	132	10.02	167495	5.98	278	23797	1318
10	002534	杭锅股份	1813	165	10.01	99779	2.55	322	17675	1648
11	002396	星网锐捷	3154	287	10.01	211471	6.02	375	65134	2867
12	300242	明家科技	4100	373	10.01	27908	6.69	2	11033	3727
13	300364	中文在线	4100	373	10.01	5445	1.81	16	2232	3727
14	600570	恒生电子	7070	643	10.00	258151	4.18	14	180046	6427
15	600998	九州通	2364	215	10.00	685030	4.82	5	158378	2149
16	300368	汇金股份	4728	430	10.00	25190	6.58	7	11494	4298
17	300033	同花顺	7136	649	10.00	95772	7.31	38	67077	6487
18	002095	生意宝	7962	724	10.00	139241	6.66	74	109733	7238
19	600865	百大集团	935	085	10.00	179248	4.76	3	16364	850
20	002492	恒基达鑫	1122	102	10.00	160228	6.80	406	17438	1020
21	300065	海兰信	2233	203	10.00	151880	9.57	334	33046	2030
22	300378	鼎捷软件	6116	556	10.00	9569	2.43	7	5844	5560
23	002589	瑞康医药	4675	425	10.00	34770	2.40	4	16033	4250
24	002153	石基信息	10560	960	10.00	34150	2.09	4	35487	9600
25	002362	汉王科技	1991	181	10.00	100815	5.74	90	19796	1810

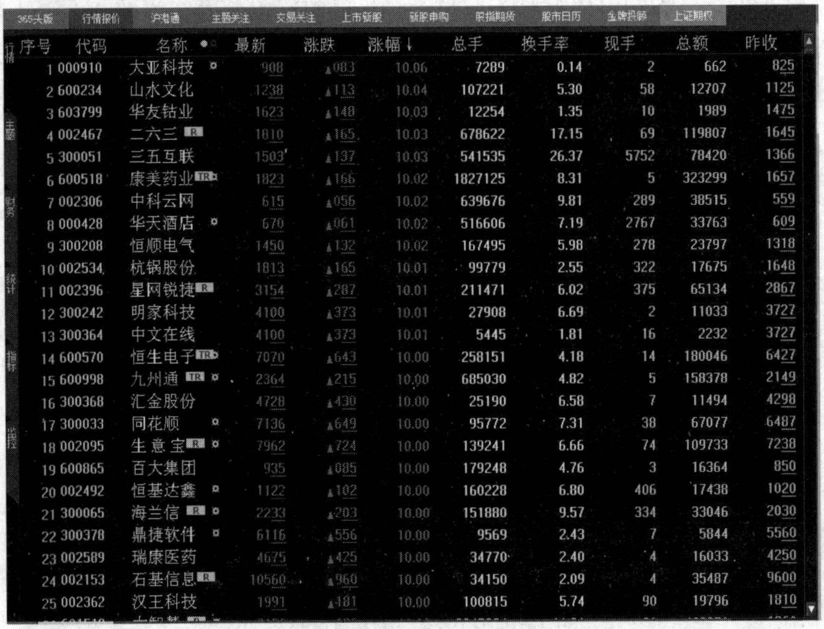

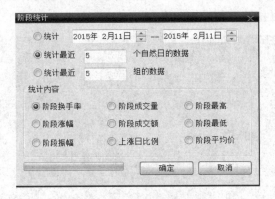

图 1-14　按涨幅降序对沪深 A 股进行排序

2．阶段统计功能

在“常用工具”，可以使用“阶段统计”来实现在预设的时间段范围内将当前窗口中所有股票按“阶段换手率”“阶段成交量”“阶段涨幅”等统计条件进行排序，方便快速找到当前动态显示牌中最符合用户条件的股票，如图 1-15、图 1-16 所示。

图 1-15　阶段统计功能显示图

3．相关性分析

接下来打开上证指数相关性分析界面，目标是发现哪只上证 A 股最近 60 个交易日的形态、涨幅与上证指数相关性、相似度最高。

单击“常用工具”下的“相关性分析”，单击“先增栏目”，在弹出的“选择指标”窗口中选择“相关性公式”，分别添加放大倍数、形态相关、涨幅相关、阴阳相关四个栏目。这 4 个公式的参数都是 60，也就是在计算出的最终结果中，数据是指定日期之前的

60 个交易日的数据结算的结果。操作方式如图 1-17 所示。

序号	代码	名称	日换手	5日换手	日换手	最新	涨跌	涨幅	总手	换手率	现手
1	300413	快乐购	42.15%	42.15%	42.15%	3440	▲216	6.70	295044	42.15	5021
2	002197	证通电子	34.82%	34.82%	34.82%	2325	▲206	9.72	253167	12.02	1
3	601069	西部黄金	33.19%	33.19%	33.19%	1652	▲150	9.99	418220	33.19	233
4	601519	大智慧	33.09%	33.09%	33.09%	2156	▲196	10.00	2247234	11.31	3
5	300051	三五互联	26.37%	26.37%	26.37%	1503	▲137	10.03	541535	26.37	575
6	002306	中科云网	24.16%	24.16%	24.16%	615	▲009	10.02	639676	9.81	28
7	002727	一心堂	19.99%	19.99%	19.99%	5365	▲367	7.34	130163	19.99	1429
8	002467	二六三	17.15%	17.15%	17.15%	1810	▲165	10.03	678622	17.15	6
9	002739	万达院线	16.97%	16.97%	16.97%	8660	▲444	5.40	101837	16.97	1
10	600767	运盛实业	16.85%	16.85%	16.85%	1244	▲113	9.99	574409	16.85	2
11	000875	吉电股份	14.42%	14.42%	14.42%	582	▼004	-0.68	1609037	14.42	160903
12	300136	信维通信	14.18%	14.18%	14.18%	2055	▲180	9.60	281157	14.18	2
13	601021	春秋航空	12.60%	12.60%	12.60%	6633	▲317	5.02	125967	12.60	12596
14	600528	中铁二局	12.11%	12.11%	12.11%	1528	▼029	-1.86	1767681	12.11	176768
15	000100	TCL集团	11.24%	11.24%	11.24%	421	▲038	9.92	9145045	11.24	5765
16	300155	安居宝	11.11%	11.11%	11.11%	2763	▲251	9.99	197244	11.11	75
17	603601	再升科技	10.98%	10.98%	10.98%	3654	▲332	9.99	18667	10.98	1
18	300380	安硕信息	10.57%	10.57%	10.57%	10600	▲700	7.07	25549	10.57	563
19	600518	康美药业	10.41%	10.41%	10.41%	1623	▲166	10.02	1827125	8.31	
20	000627	天茂集团	10.40%	10.40%	10.40%	811	▲031	3.97	1407149	10.40	109695
21	300065	海兰信	9.57%	9.57%	9.57%	2233	▲203	10.00	151880	9.57	33
22	600865	百大集团	9.54%	9.54%	9.54%	935	▲085	10.00	179248	4.76	
23	600705	中航资本	8.93%	8.93%	8.93%	2101	▲122	6.16	1330438	8.93	36676
24	000793	华闻传媒	8.79%	8.79%	8.79%	1553	▲053	3.53	1471988	8.79	69135
25	600060	海信电器	8.49%	8.49%	8.49%	1642	▲149	9.98	1111414	8.49	115

图 1-16 根据阶段换手率排序得到的结果

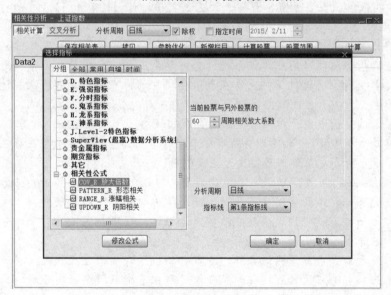

图 1-17 相关性分析显示图

单击"股票范围"按钮添加股票,设置完毕后单击"计算"按钮进行数据计算,则 4 个不同数列的相关性系数就自动计算出来。单击每一列数据可进行从高到低的排列,排名越靠前,相关系数越大,说明与这个目标个股走势的相关性就越高。图 1-18 所示为计算出来的结果,结果显示雅戈尔与上证指数的涨幅相关系数最高,但也只有 0.4191。

图 1-18　与上证指数相关性计算结果

8·16 光大证券乌龙指事件

2013 年 8 月 16 日 11 点 05 分上证指数出现大幅拉升大盘,一分钟内涨速超 5%。最高涨幅 5.62%,指数最高报 2198.85 点,盘中逼近 2200 点。11 点 44 分上交所称系统运行正常。下午 2 点,光大证券公告称策略投资部门自营业务在使用其独立的套利系统时出现问题。有媒体将此次事件称为"光大证券乌龙指事件"。触发原因是系统缺陷。策略投资部使用的套利策略系统出现了问题,该系统包含订单生成系统和订单执行系统两个部分。核查中发现,订单执行系统针对高频交易在市价委托时,对可用资金额度未能进行有效校验控制,而订单生成系统存在的缺陷,会导致特定情况下生成预期外的订单。

案例点评:该案例中由于订单生成系统存在的缺陷,导致在 11 时 05 分 08 秒之后的 2 秒内,瞬间重复生成 26082 笔预期外的市价委托订单;由于订单执行系统存在的缺陷,上述预期外的巨量市价委托订单被直接发送至交易所。

问题出自系统的订单重下功能,具体错误是: 11 点 02 分时,第三次 180ETF 套利下单,交易员发现有 24 只股票申报不成功,就想使用"重下"的新功能,于是程序员在旁边指导着操作了一番,没想到这个功能没实盘验证过,程序把买入 24 个成分股,写成了买入 24 组 180ETF 成分股,结果生成巨量订单。

案例中,由于工作人员的错误操作,给市场和投资者带来巨大损失,实属不敬业、不专业。作为从业人员,应该做到《证券从业人员职业道德准则》中所规定的,守正笃实,严谨专业;审慎稳健,严控风险。要规矩做事、踏实做人、不偏不倚,客观、审慎、专业地为投资者及其他利益相关方提供服务,提高风险识别、应对和化解能力,审慎执业。

(资料来源: 360 百科, https://baike.so.com/doc/6994215-7217086.html)

探讨交易下单系统风险防控方法。

实验二 股票交易认知实验

实验目的

股票交易认知实验.mp4

　　本实验是证券投资学的后续配套实践环节。学生通过模拟实验，分析证券交易的具体操作流程，重点掌握股票交易的登录方式、买卖股票的具体操作流程和相关注意事项，借此加强对证券交易市场的功能、地位的了解，培养学生投资交易的能力。

实验要求

　　(1) 给定 100 万元资金，设计股票投资方案，跟踪股票投资价值变化，每周完成如下投资交易报告。

股票名称	投资金额	投资比例	买入价	盈亏率
总盈亏			总盈亏率	

　　(2) 计算买卖股票的交易费用。

实验内容

使用股票模拟交易软件。

实验材料

(1) 大智慧、同花顺、钱龙、通达信等金融数据库软件。
(2) 可登录相关财经网站、相关数据采集点的网络资源、各上市公司的官方网站。
(3) 学生端 PC 设备。
软件条件：国泰君安模拟交易所、同花顺模拟交易教学软件。

实验步骤

一、交易登录

　　普通投资者并不允许直接进入证交所进行交易，普通投资者要想参与证券买卖活动，需要通过相关的中介结构，而券商就是这一中介机构。券商通过计算机系统接受投资者的买卖委托申请，并把相应的成交结果实时地反馈给投资者，若一笔交易成交，则券商就会按成交金额收取相应的佣金。

投资者可以利用证券行情软件来获得证券每个交易日的盘中实时成交情况、实时成交价位等信息。股票行情软件多种多样，但所提供的功能基本相似，投资者可以根据自己的喜好来选择。投资者确定了券商并完成了相应的开户程序后就可在网上进行交易了。一般来说，不同的券商会提供不同的买卖委托软件，这一软件可以从相应券商的官方网站下载，通过委托软件，投资者就可以根据自己对于价格走势的判断挂出委买单或委卖单从事买卖交易。

二、交易主界面

随着互联网的发展，很多交易都通过自助委托来完成。以卖出某只股票为例，其委托指令的一般内容如图2-1所示。

图 2-1　用户登录界面

三、买卖股票、委托下单

在证券交易所市场，只有证券交易所的会员(在我国主要是以证券公司为主)才能进行证券买卖，那么非会员的投资者想要买卖证券就必须通过证券交易所的会员来进行。换言之，非会员投资者需要通过经纪商的代理才能在证券交易所买卖证券。在这种情况下，非会员投资者向经纪商下达买进或卖出证券的指令，就称为"委托"。

委托指令有多种形式，可以按照不同的依据来分类，如表2-1所示。

表 2-1　委托指令的类型

分类依据	类　型
根据委托订单的数量分类	整数委托和零数委托
根据买卖证券的方向分类	买进委托和卖出委托

续表

分类依据	类　型
根据委托价格限制分类	市价委托和限价委托
根据委托时效限制分类	当日委托、当周委托、无期限委托、开市委托和收市委托等
根据投资者是否亲自到证券部营业柜台下达委托指令	柜台委托和非柜台委托

在委托指令中，不管是采用填写委托单还是自助委托方式，都需要反映客户买卖证券的基本要求或具体内容，这些主要体现在委托指令的基本要素中。以委托单为例，委托指令的基本要素包括以下内容。

(1) 证券账号。客户在买卖上海证券交易所上市的证券时，必须填写在中国结算公司上海分公司开设的证券账户号码；买卖深圳证券交易所上市的证券时，必须填写在中国结算公司深圳分公司开设的证券账户号码。

(2) 日期。日期即客户委托买卖的日期，填写年、月、日。

(3) 品种。品种指客户委托买卖证券的名称，也是填写委托单的第一要点。填写证券名称的方法有全称、简称和代码三种(有些证券品种没有全称和简称的区别，仅有一个名称)。通常的做法是填写代码及简称，这种方法比较方便快捷，且不容易出错。上海证券代码和深圳证券代码都为一组 6 位数字。委托买卖的证券代码与简称必须一致。表 2-2 列举了上海证券交易所和深圳证券交易所共 5 只股票的代码、简称和全称。

表 2-2　股票代码、简称和全称的举例

证券市场	股票代码	股票简称	股票所属股份有限公司全称
上海证券交易所	600000	浦发银行	上海浦东发展银行股份有限公司
	601186	中国铁建	中国铁道建筑总公司
深圳证券交易所	000001	深发展	深圳发展银行股份有限公司
	002245(中小板市场)	澳洋顺昌	江苏澳洋顺昌股份有限公司
	300027(创业板市场)	华谊兄弟	华谊兄弟传媒股份有限公司

(4) 买卖方向。客户在委托指令中必须明确表明委托买卖的方向，即是买进证券还是卖出证券。

(5) 数量。这是指买卖证券的数量，可分为整数委托和零数委托。整数委托是指委托买卖证券的数量为 1 个交易单位或交易单位的整数倍。1 个交易单位俗称"1 手"。零数委托是指客户委托证券经纪商买卖证券时，买进或卖出的证券不足证券交易所规定的 1 个交易单位。目前，我国只在卖出证券时才有零数委托。

(6) 价格。这是指委托买卖证券的价格。在我国上海证券交易所和深圳证券交易所的交易制度中，涉及委托买卖证券价格的内容包括委托价格限制形式、证券交易的计价单位、申报价格最小变动单位、债券交易报价组成等方面。

(7) 时间。这是指客户填写委托单的具体时点，也可由证券经纪商填写委托时点，即上午×时×分或下午×时×分。这是检查证券经纪商是否遵循时间优先原则的依据。

(8) 有效期。这是指委托指令的有效期间。如果委托指令未能成交或未能全部成交，证券经纪商应继续执行委托。委托有效期满，委托指令自然失效。委托指令有效期一般有当日有效与约定日有效两种。当日有效是指从委托之时起至当日证券交易所营业终了之时止的时间内有效；约定日有效是指委托人与证券公司约定，从委托之时起到约定的营业日证券交易所营业终了之时止的时间内有效。如不在委托单上特别注明，均按当日有效处理。我国现行规定的委托期为当日有效。

(9) 签名。客户签名以示对所作的委托负责。若预留印鉴，则应盖章。

(10) 其他内容。其他内容涉及委托人的身份证号码、资金账号等。

思政融入案例

如今，一股电动自行车浪潮正在席卷全球。据报道，全球销量第一的电动车辆不是电动汽车，而是电动自行车。甚至有预测称，电动自行车或将打败汽车，改变城市出行方式。在民间热情高涨的同时，许多国家的政府也在大力提供支持，美国总统拜登最新的社会政策法案包括了一笔 41 亿美元的税收优惠，就是为了"让人们的屁股下放上电动自行车"。A 股相关概念股主要有新日股份(603787)、爱玛科技(603529)等近期股价也随之大幅上涨，交易额攀升。

案例点评： 电动自行车销量在英美等国市场迎来了暴增。据市场研究公司 NPD 集团数据，从 2019 年到 2020 年，美国电动自行车的销量增长了 145%。据市场研究公司 Mintel 数据，英国电动自行车市场去年也增长了 70%，销量达到 17 万辆。专家认为，这个增长趋势丝毫没有慢下来的意思。据德勤公司预计，2020 年到 2023 年间，电动自行车的全球销量将达到 1.3 亿辆，这股潮流或将改变城市的出行方式。

（资料来源：席卷全球！电动自行车火了。https://m.thepaper.cn/baijiahao_15485182）

实验思考

1. 简述优先股交易流程。
2. 探讨交易下单系统信息维护方法。
3. 探讨交易下单系统风险防控方法。

实验三　债券模拟招标认知实验

 **实验目的**

通过实验使学生熟悉债券招标流程及界面操作，要求能够独立操作债券招标业务。

 **实验要求**

(1) 由教师设置本次招标的各项参数，包括投标总额、国债期限、投标人竞标限额、发行费率等。

- 投标总额：200 亿元。
- 期限：5 年。
- 竞标人数：5 人(组)。
- 每个投标人的投标限额：100 亿元。
- 发行费率：1%。
- 招标方式：荷兰式招标。

(2) 进行招标演练。

(3) 公布每组具体招标结果(要包含中标额、中标率、承销金额等指标)。

(4) 计算票面利率。

(5) 计算实验排名，排名标准：(中标收益率+发行费率−票面利率)×中标额。

 **实验内容**

根据教师的参数设置，要求学生分角色(小组形式)进行债券模拟招标实验，以掌握债券招标的程序和方法。

 **实验材料**

(1) 大智慧、同花顺、钱龙、通达信等金融数据库软件。

(2) 可登录相关财经网站、相关数据采集点的网络资源、各上市公司的官方网站。

(3) 学生端 PC 设备。

软件条件：国泰君安模拟交易所、同花顺模拟交易教学软件。

一、国债招标基础知识

目前我国国债发行招标分为两部分,一部分是竞争性招标,另一部分为非竞争性招标即基本承销。美国式和荷兰式是国债招标的两种方式,美国式的市场化程度较高,发达国家采用较多,而我国多采用荷兰式。

二、国债招投标实验

三种招标方式介绍如下。

1. 荷兰式招标(单一价位招标)

荷兰式招标主要用于**金融债**招标。关键点如下。

(1) 标的为利率或利差时,全场最高中标利率或利差为当期票面利率或基本利差,各中标机构均按面值承销;标的为价格时,全场最低中标价格为当期发行价格,各中标机构均按发行价格承销。

(2) 一般设定利率步长:0.01%,每标位最低投标量:1000 万元,每标位最高投标量:100 000 万元。

(3) 一般投标人可在 25 个标位内进行不连续投标,最高有效投标价位与最低有效投标价位之间所包含的价位点不超过 25 个标位。

2. 美国式招标(多重价位招标)

美国式招标主要用于**贴现国债**招标。关键点如下。

(1) 招标方式。采用多种价格美国式招标方式,标的为价格,全场加权平均中标价格为本期国债的发行价格,各中标机构按各自中标价格承销。低于发行价格 20 个以上(不含 20 个)的标位,全部落标。

(2) 投标限定。一般投标标位变动幅度为 0.002 元。每一承销团成员最高、最低投标标位为连续的 30 个标位。背离全场加权平均投标价格 60 个以上(不含 60 个)的标位视为无效投标。

3. 混合式招标

混合式招标主要用于**记账式国债**招标。关键点如下。

(1) 招标方式。采用多种价格(混合式)招标方式,标的为利率。全场加权平均中标利率为票面利率,低于或等于票面利率的标位,按面值承销;高于票面利率 20 个以内(含 20个)的标位,按各自中标利率与票面利率折算的价格承销;高于票面利率 20 个以上(不含 20个)的标位,全部落标。背离全场加权平均投标利率 100 个以上(不含 100 个)的标位视为无效投标。

(2) 标位限定。每一承销团成员最高、最低投标标位差为连续的 30 个标位。

三、实验流程

实验开始前由老师设置本次招标的各项参数，包括投标总额、国债期限、投标人竞标限额、发行费率等。

- 投标总额：100 亿元。
- 期限：5 年。
- 竞标人数：4 人(组)。
- 每个投标人的投标限额：100 亿元。
- 发行费率：1%。
- 招标方式：荷兰式招标。

第一步，进行资产分配。与模拟交易实验类似，设定基本信息后先给各组分配资产，以投标限额为准。

第二步，进入投标环节。招标方式由于包括利率招标和价格招标两种，因此单位有所区分。在利率招标中，投标单位为"%"；在价格投标时，单位为"元"。通过向微信端发送投标价格或者利率来完成申报，发送格式为"标位%投标额"，比如"8%20"，如图 3-1、图 3-2 所示。

图 3-1 国债模拟招投标 1　　　　图 3-2 国债模拟招投标 2

若要在其他标位投标，则发送不同标位的投标信息即可，如"7.5%20"。在一定时间内，和场内模拟交易类似，在盘口页教师可以看到具体的投标情况，教师可以选择让学生看见和不看见具体的投标情况，而具体的招投标也可以结合具体的宏观经济预测，让个人或者各小组提前做好具体的报告或者展示。一次具体的投标情况如表 3-1 所示。

表 3-1 教师端投标情况

价　格	投 标 额
1%	
2%	
3%	
4%	
5%	

续表

价　　格	投　标　额
6%	
7%	
8%	80
9%	100
10%	170

不同招标方式下最后的成交情况也不同，投标结束后，教师单击"计算结果器"，详细投标过程情况如表 3-2 所示。

表 3-2　教师端详细投标过程情况

6%	7%	8%	9%	10%
0	0	20	30	50
0	0	30	30	30
0	0	10	20	50
0	0	20	20	40

最终，计算可得招标结果，如表 3-3 所示。

表 3-3　最终招标结果

6%	7%	8%	9%	10%
0	0	20	6	0
0	0	30	6	0
0	0	10	4	0
0	0	20	4	0

具体招标结果如下。

● 中标额(亿元)：各投标人在各标位中标额的和。

第一组：26　　　第二组：36　　　第三组：14　　　第四组：24

● 中标收益率：

第一组：8.231%　　第二组：8.167%　　第三组：8.286%　　第四组：8.167%

● 承销价格(百元面值)

第一组：99.8　　第二组：100.1　　第三组：99.66　　第四组：100.1

然后计算票面利率，票面利率是各投标人的各标位收益率按中标额的加权平均和 8.2%。

最后计算实验排名，排名标准：(中标收益率+发行费率−票面利率)×中标额。

(1)　第二组 34.8 百万元

(2)　第一组 26.8 百万元

(3)　第四组 23.2 百万元

(4)　第三组 15.2 百万元

四、三种招标方式结果实例

下面按不同的招标方式的结果进行具体介绍。

1. 荷兰式招标(单一价位招标)

对于单一价位招标而言，首先，将投标价格按由高到低的顺序排列，逐一满足投标数量。然后，当累计投标数量达到本次计划发行量时，将其对应的投标价位确定为本次最低中标价位，即本次的发行价格。最后，各中标机构均按面值承销。与上述单一利率招标的流程基本一致，因此不再以实例进行说明。

计算方法：

(1) 如表 3-4 所示，将投标利率按由低到高的顺序排列，逐一满足投标数量。

(2) 若到 15 号时，累计投标数量达到本次计划发行量 150 亿元，其对应的投标价位即为本次最高中标价位(2.9%)，同时也就确定了本次的票面利率(2.9%)，则其他(16～25 号)标位落标。

(3) 最后，各中标机构均按面值(100 元)承销。

最后招标结果如下。

计划招标发行总量：150 亿元。

实际发行总量：150 亿元。

最高中标价位：3.24%。

最低中标价位：2.7%。

发行价格：100 元。

最终票面利率：2.9%。

表 3-4 荷兰式投标情况

标　号	投标利率(%)	投标数量(万元)	投标机构
1	2.7	30 000	A
2	2.72	20 000	B
⋮			
10	2.85	40 000	C
11		10 000	E
⋮			
15	2.9	5 000	F
16		3 000	G
⋮			
20		20 000	U
⋮			
25	3.24	50 000	Q

2. 美国式招标(多重价位招标)

计算方法：

(1) 如表 3-5 所示，将投标价格按由高到低的顺序排列，逐一满足投标数量。

(2) 正常情况下，累计投标数量达到本次计划发行量 200 亿元时，其对应的投标价位即为本次最低投标价位，但是由于本次全场仅 197.9 亿元参与投标，因此，本次投标流标。

表 3-5　美国式投标情况

标　　号	投标价格(元)	投标数量(万元)	投标机构
1	99.226	30 000	A
2	99.224	20 000	B
⋮			
15	99.146	40 000	C
16	99.126	10 000	E
⋮			
32	99.072	5 000	F
33	98.886	3 000	G
⋮			
36	98.832	20 000	U
⋮			
50	98.798	50 000	Q

(3) 计算 1 号到 50 号的投标价格的加权平均，得到发行价格：99.111 元。

(4) 但由于 33 号到 50 号的投标价格背离全场加权平均投标价格 60 个以上(不含 60 个)的标位，因此，被视为无效投标。

(5) 最后得出 1 号到 32 号的标位为中标价位，从而获知本次投标中的最高中标价位(99.226 元)、最低中标价位(99.072 元)以及实际中标数量(167.6 亿元)。

(6) 中标机构在实际承销中即按本次各自中标标位的价格承销，如 F 按 99.072 元承销 5 000 万元。

最后招标结果如下。

计划招标发行总量：200 亿元。

投标量：197.9 亿元。

实际发行总量：167.6 亿元。

最高中标价位：99.226 元。

最低中标价位：99.072 元。

发行价格：99.111 元。

参考收益率：3.676 9%。

3. 混合式招标

计算方法：

(1) 如表 3-6 所示,将投标利率按由低到高的顺序排列,逐一满足投标数量。

(2) 若到 32 号时,累计投标数量达到本次计划发行量 280 亿元,其对应的投标价位即为本次最高投标价位 4.29%,则其他(33～50 号)标位落标。

(3) 计算 1 号到 32 号的投标利率的加权平均,得到最终票面利率:4.23%。

表 3-6 混合式投标情况

标 号	投标利率(%)	投标数量(万元)	投标机构
1	4.14	30 000	A
2	4.15	20 000	B
⋮			
15	4. 20	40 000	C
16		10 000	E
⋮			
32	4.29	5 000	F
33		3 000	G
⋮			
36		20 000	U
⋮			
50		50 000	Q

(4) 最后,低于或等于票面利率(4.23%)的标位,按面值(100 元)承销;高于票面利率 20 个以内(含 20 个)的标位(4.23%～4.29%),按各自中标利率与票面利率折算的价格承销,如表 3-7 所示。

表 3-7 边际情况表

边际标位利率	对应的承销价格(元)
4.24	99.739 202 90
4.25	99.693 036 07
4.26	99.524 941 2
4.27	99.357 246 8
4.28	99.245 098 93
4.29	99.112 497 49

最后招标结果如下。

计划招标发行总量:280 亿元。

投标量:451.4 亿元。

实际发行总量:280 亿元。

最高中标价位:4.29%。

最低中标价位:4.14%。

最终票面利率：4.23%。

发行价格：100 元。

327 国债事件

1995 年 2 月 23 日爆发的 327 国债期货事件，可以说是新中国成立以来罕见的金融地震。

327 品种是对 1992 年发行的 3 年期国债期货合约的代称。由于其于 1995 年 6 月即将交收，现货 1992 年 3 年期国债保值贴补率明显低于银行利率，故一向是颇为活跃的炒作题材。市场在 1994 年年底就传言 327 等低于同期银行存款利率的国库券可能要加息；而另一些人则认为不可能，因为一旦加息需要国家多支出 10 多亿元的资金，在客观形势吃紧的情况下，显然绝非易事。于是，围绕着对这一问题的争议，期货市场形成了 327 品种的多方与空方，该品种价格行情的最大振幅曾达 4 元多。

1995 年 2 月 23 日，财政部发出公告，关于 1992 年期国库券保值贴补的消息终于得到证实。空方是万国证券公司，二号主力辽宁国发(集团)公司。在 148.50 元附近，空方集结了大量的兵力。多方一开盘，价位就跳空高开，迅速推高到 151.98 元。16 时 22 分，离收盘还有 8 分钟。730 万手(约合人民币 1460 亿元)的抛单突然出现在屏幕上，多方顿时兵败如山倒。最后双方在 147.50 元的位置鸣金收兵。

交易刚结束，上海证券交易所、证管办就接到了指证会员严重违规操作的控告。根据后来的处理结果，327 事件被定性为一起严重的违规事件。

案例点评： 此次事件是在国债期货市场发展过快、交易所监管不严和风险管理滞后的情况下，由上海万国证券公司、辽宁国发(集团)股份有限公司等少数大户蓄意违规、操纵市场、扭曲价格、严重扰乱市场秩序所引起的国债期货风波。

(资料来源：https://www.zhihu.com/question/22394773)

1. 如何完成美国式招标的运作全过程？
2. 如何完成混合式招标的运作全过程？
3. 如何避免债券交易的内幕交易与价格操纵？

实验四 债券交易认知实验

实验目的

通过实验使学生进一步熟悉债券模拟下单系统及界面操作，要求能够独立操作债券交易；通过实验使学生了解各证券品种交易时发生的费用，为控制交易成本、实现投资收益奠定基础；观察交易后实际成本的变化，理解证券交易的基本费用。

债券交易认知实验.mp4

实验要求

能独立操作行情软件和委托交易软件进行沪深两市交易所上市的国债和企业债券的交易买卖；能够独立核算不同证券品种在委托交易时发生的各项交易费用，对交易委托费、交易印花税、交易佣金、证券交易过户费的费率及金额逐项核算。

(1) 查找 1 只上市交易的国债品种，填写完成如表 4-1 所示的相关内容。(表 4-1 右栏现有内容为示例，请按表 4-1 左栏项目重新查找 1 只国债。)

表 4-1 上市交易的某国债品种信息

市场类别	深圳债券
债券代码	101313
债券简称	国债 1313
起息日	2013-05-29
到期日	2018-05-30
债券品种	记账式国债
利率类型	固定利率
票面利率(%)	3.09
付息方式	按年付息
发行价格	100

(2) 查找 1 只上市交易的公司债品种，填写完成表 4-2 所示的相关内容。(表 4-2 右栏现有内容为示例，请按表 4-2 左栏项目重新查找 1 只公司债。)

表 4-2 上市交易的某公司债品种信息

市场类别	深圳债券
债券代码	112004
债券简称	08 中粮债

续表

起息日	2008-08-25
到期日	2018-08-25
债券品种	实名制记账式企债
利率类型	固定利率
票面利率(%)	6.06
付息方式	按年付息
发行价格	100

(3) 查找 1 只上市交易的可转换公司债品种，填写完成如表 4-3 所示的相关内容。(表 4-3 右栏现有内容为示例，请按表 4-3 左栏项目重新查找 1 只可转换公司债。)

表 4-3　上市交易的某可转换公司债品种信息

市场类别	深圳转债
债券代码	123001
债券简称	蓝标转债
起息日	2015-12-18
到期日	2021-12-18
类别	商务服务业
债券品种	附息债券
利率类型	累进利率
票面利率(%)	首期 0.5 最新 2.0
发行价格	100
对应股票简称	蓝标电商
信用等级	AA
发行方式	网下配售、网上发行、老股东优先配售
有无特殊条款	无

(4) 请根据您的投资风险偏好测试卷结果，选择模拟交易 5 只国债或企业债，并记录模拟交易过程，示例参见表 4-4 所示。

表 4-4　模拟交易 5 只国债(或企业债)的过程示例

交易初值：10 万元　终值：10.0446 万元			投资期收益率：0.45%	
交易顺序	债券简称(代码)	买入价	卖出价	成交数量
1	122938	110.00	101.99	10
2	112032	100.5	101.05	10
3	122250	95.7	97.00	5
4	118125	101.206	99.08	10
5	122158	97.00	98.89	13

(5) 分别买卖 1 笔国债、企业债和可转换债券,计算各自买进和卖出时发生的佣金。

佣金为 1‰时,任选沪深交易所交易的 1 只国债、1 只企业债和 1 只可转换债券,计算所选 3 只债券各自买进和卖出时发生的佣金。

买进 1000 股,买进价格 8 元,卖出价格 10 元。

(6) 观察股票、债券和基金交易品种交易费用的差异。(形成对比表格)

 **实验内容**

债券交易功能嵌在证券模拟下单系统软件界面里,要求运用该软件进行债券买入、卖出。

 **实验材料**

(1) 大智慧、同花顺、钱龙、通达信等金融数据库软件。
(2) 可登录相关财经网站、相关数据采集点的网络资源、各上市公司的官方网站。
(3) 学生端 PC 设备。

软件条件:国泰君安模拟交易所、同花顺模拟交易教学软件。

 **实验步骤**

一、债券的交易流程

债券的交易流程有 5 个步骤:开户,委托,交易,清算,转让。

(1) 开户:包括开户合同有效期的确定,以及延长合同有效期的条件和程序,需要客户提供真实姓名、地址、年龄、职业、身份证号码等。

(2) 委托:投资者在证券公司开户后,如果想上市交易,还必须与证券公司办理委托关系。这是普通投资者进入证券交易所的必要程序,也是债券交易的必要程序。

(3) 交易:证券公司接受投资客户委托并填写委托书后,其常驻人员应当及时到交易所执行委托,促进该债券的交易。

(4) 清算:债券清算是指同一证券公司在同一交割日对同一国家债券的购销进行冲销,确定应交债券的数量和应交价格的金额,然后按照"净结算"原则进行结算。

当交易所在同一天关闭时,其结算机构根据当日"市场交易表"记载的各证券公司买卖某一债券的数量和价格,计算各证券公司应收应付价格冲减后的净额和各债券冲减后的净额,并在当天编制《结算表》。

各证券商核对无误后,于交割日编制证券商典当"交割清单",并于指定交割日办理交割手续。

(5) 转让:最终程序是在债券成交并完成交割手续后完成债券的转让。所有权转移是指债券的所有权从一个所有人转移到另一个所有人。

二、债券委托下单流程

　　债券委托下单流程与股票委托下单流程基本上是一样的，只是委托下单的证券代码为债券的证券代码，如图 4-1～图 4-5 所示。

图 4-1　自助委托下单股票交易程序(1)

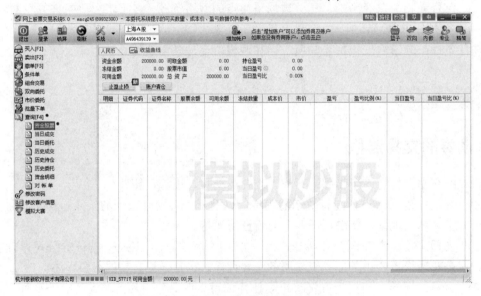

图 4-2　自助委托下单股票交易程序(2)

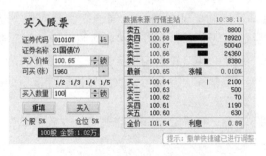

图 4-3　自助委托下单股票交易程序(3)

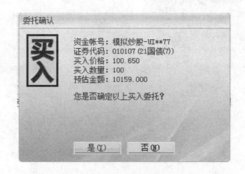

图 4-4 自助委托下单股票交易程序(4)

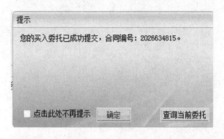

图 4-5 自助委托下单股票交易程序(5)

三、债券交易费用

(一)深市

投资者委托证券商买卖债券时，向证券商交纳佣金，最高不得超过成交金额的 2‰。

(二)沪市

投资者委托指定的证券商进行国债现货交易须交纳手续费：上海本地人民币 1 元；异地 3 元。成交后在办理交割时，按规定应向券商交纳佣金。

 思政融入案例

中国银行间市场交易商协会(以下简称"交易商协会")发布公告称，其在对相关发行人进行自律调查时了解到，浙商银行股份有限公司(以下简称"浙商银行"，601916.SH、02016.HK)作为主承销商，对于发行人注册发行文件涉嫌虚假记载等严重违规事项，相关中介服务开展未遵循勤勉尽责基本原则，涉嫌违反银行间债券市场自律管理规则。交易商协会表示，依据《银行间债券市场自律处分规则》，交易商协会已对浙商银行启动自律调查。

值得注意的是，浙商银行并非首次因发行人违规问题，被交易商协会给予自律处分。

案例点评： 浙商银行股份有限公司(以下简称"浙商银行")作为泰安市泰安投资有限公司相关债务融资工具后续管理牵头主承销商，未能及时跟进监测发行人资产无偿划转事项并督导发行人进行信息披露等相关工作。依据相关自律规定，经 2018 年第 4 次自律处

分会议审议，给予浙商银行诫勉谈话处分，责令其针对本次事件中暴露出的问题进行全面深入的整改。

(资料来源：中国银行间市场交易商协会公告，https://www.docin.com/p-339245848.html)

如何规范承销商在债券交易中的行为？

实验五　基金模拟运营认知实验

实验目的

熟悉基金公司投资交易部门的岗位设置，熟悉基金经理、行业研究、风险控制以及交易员的岗位职责和要求，熟悉基金的运作流程。

实验要求

在基金时点结束后，全组人员集体撰写基金总结报告，从收益、风险、人员安排、团队情况等多个维度去总结基金模拟运营的过程。同时准备 15 分钟展示，让各个小组进行心得和成果分享。

最后对参与实验的学生，按报告质量、基金业绩、个人表现和最后的展示综合进行分数评定，具体如表 5-1 所示。同时评选出明星基金经理、最佳交易员、最佳研究员、最佳风控。

表 5-1　基金模拟运营实验评分表

总　项	分　项	分　数
个人岗位(25 分)	研究员岗位表现(8 分)	
	风险控制岗位表现(8 分)	
	交易员岗位表现(9 分)	
报告质量(25 分)	报告逻辑(8 分)	
	报告规范(8 分)	
	报告价值(9 分)	
基金业绩(25 分)	基金目标完成度(8 分)	
	基金净值波动情况(8 分)	
	基金净值收益情况(9 分)	
总结展示(25 分)	展示内容(8 分)	
	展示仪态(8 分)	
	展示逻辑(9 分)	
总分(100 分)		

具体评定不限于表 5-1 中现有内容，可以结合岗位实践进行适当调整。

 **实验内容**

综合运用证券投资学、证券交易、证券投资分析等知识，模拟基金运作过程。

 **实验材料**

深圳希施玛模拟交易所。

 **实验步骤**

一、实验设置

本实验完全模拟基金公司的实际运营和操作流程，让整个教学班级体验基金运转中的各个环境，并在模拟仿真环境的基础上进行宏观经济和行业研究、投资计划制订、风险管理与合规以及具体交易与实现等几个基金工作中最重要的岗位运营，让学生在具体的实验中学习并进行科学化、专业化以及规范化的投资操作，在提高个人能力的同时增强团队意识，为未来的职业规范夯实基础。

实验首先以周为单位设立开始时点和结束时点，需要对全班进行分组，每组 6 人，职位有：基金经理、风险控制、交易员、研究员。每个人都有自己的岗位设定，具体如下。

(1) 基金经理(1 人)：审核研究员上传的报告，根据其内容确定股票池及目标仓位。

(2) 研究员(2 人)：进行宏观形势研究、行业研究、公司研究，撰写相关研究报告。

(3) 交易员(2 人)：完成风控审核后的目标仓位，在两周内以合适的价格完成交易指令。

(4) 风险控制(1 人)：审核基金经理的目标仓位是否符合风控要求，对到达止损点的持仓及时提醒交易员平仓，必要时进行强行平仓。

二、实验流程

具体的实验可以分为基金设立、基金运营和基金总结三大过程。首先进行基金设立，全体组员共同研究宏观经济和微观市场情况，撰写一份基金成立报告，具体内容包括经济与市场环境摘要、基金名称、基金类型(偏股、偏债和混合型)、简要投资计划、预期收益等。

1. 撰写研究报告

研究员根据具体的经济和市场情况，撰写行业报告，进行股票推介。

2. 基金经理撰写投资报告

基金经理阅读所有的行业报告，在推介的股票中构建股票池，并给出合理的配置权重，撰写投资报告。

3. 风险控制人员审查

风险控制人员阅读基金经理的投资报告，根据基金风格和仓位设置情况，审查基金经理的合理性，并给出相应的风险控制说明。

4. 交易员建仓

交易员根据基金的建仓计划，选择合适的时点完成相关交易过程，并撰写交易报告，同时每天风控人员需要对交易情况进行审核，撰写风控报告。

5. 总结和岗位轮换

每个周期以第 1 至第 4 步进行，一个周期 1～2 周，每个周期完成后，基金经理撰写周期报告，最后对每一个成员(不包括自己)打分及说明原因。同时进行岗位轮换，即由新同学担任新职务，具体轮换规则自行设定。然后进行下一周期的投资。一个实验大致进行若干周期，以全组组员均参与过不同岗位为宜。

 **思政融入案例**

疫情期践行社会责任　421 家基金公司捐赠 4.7 亿元

2020 年 7 月 9 日，中国证券投资基金业协会党委委员、副秘书长黄丽萍发表题为《在开放中深化发展　在发展中扩大开放》的主题演讲。她表示，在严峻的挑战和复杂的市场环境面前，中国基金业始终以服务实体经济为使命，以高度的使命感、责任感和过硬的专业能力顶住基金投资与运营的各种考验，维护市场及各项业务平稳运行，维护投资者利益。疫情期间，中国基金业依旧保持良好发展态势。协会各会员机构及时捐赠防控物资、帮助被投企业复工生产，展现了行业应有的专业价值与责任担当。黄丽萍进一步解释，据协会不完全数据统计，截至 6 月 1 日，共有 421 家会员机构捐赠资金 4.7 亿元，其中公募基金行业 1.6 亿元，私募基金及私募资管行业 3.0 亿元。私募股权创投机构在进行捐赠的同时，积极支持疫苗、检测试剂、医疗器械等防疫抗疫类企业加大研发生产，在投及追加投资约 420 亿元，基金业为疫情防控工作做出的突出贡献获得社会各界高度肯定。

案例点评： 基金公司作为金融机构应始终坚持服务实体经济的原则，践行社会责任，以高度的使命感、责任感和过硬的专业能力维护投资者利益。

(资料来源：作者整理)

 **实验思考**

1. 如何做一名合格的基金经理/研究员/交易员/风控人员？
2. 基金公司应该如何践行自己的社会责任？

实验六　基金交易认知实验

**实验目的**

基金交易认知实验.mp4

　　证券投资基金交易包括开放式基金的认购、申购、赎回，封闭式基金的认购、交易和一些特殊类型基金，如 ETF、LOF 的认购、申购、赎回与交易和套利，证券投资基金定投。本实验通过设置不同基金品种的实训任务，使学生掌握基金申购、赎回、转换和买卖的规则与流程，能够在实践中利用基金投资进行理财。

**实验要求**

　　(1)　任意选择一家基金公司和专业基金销售机构，进行免费开户。

　　(2)　给定 100 万元资金，设计基金投资组合，跟踪基金净值变化，每周完成如表 6-1 所示的基金交易报告。

表 6-1　一周基金交易报告

基金名称	投资金额	投资比例	申购净值	盈亏率
总盈亏			总盈亏率	

　　(3)　观察华夏中小板 ETF(159902)的净值与价格之间的关系，判断是否存在套利机会，并设计套利方案。

　　(4)　小王为刚毕业大学生，每月税后月薪 8000 元，请为他设计基金定投方案，并填写如表 6-2 所示的实验报告。

表 6-2　基金定投实验报告

定投基金名称	定投金额	定投周期
定投总金额		

利用模拟交易软件进行开放式基金的交易、封闭式基金交易、特殊基金交易、基金定投实验。

深圳希施玛 VE 竞赛管理系统-竞赛端。

一、基金交易账户开户

投资者可以选择基金公司、商业银行、证券公司、专业基金平台、支付宝平台等销售渠道进行基金的投资。通过商业银行和证券公司交易的投资者，在银行或证券公司开户，进行相应风险测评即可通过银行账户和证券账户基金交易。下面重点介绍基金公司和专业基金平台的开户流程。

(一)基金公司开户

以华夏基金为例，首先登录华夏基金网站，单击"立即开户"按钮，如图 6-1 所示。

图 6-1　华夏基金开户页面

(1) 进入开户页面后，选择关联银行卡(见图6-2)。

图6-2 开户选择银行卡页面

(2) 进行身份验证，填写姓名、证件类型、证件号码、银行预留手机号、校验码等信息(见图6-3)。

图6-3 身份验证页面

(3) 填写资料，填写实际控制人或受益人、性别、证件有效期、通信地址、邮政编码、固定电话、E-mail、出生日期、职业等信息，设置交易密码，勾选签署相关协议和文件(见图6-4)。

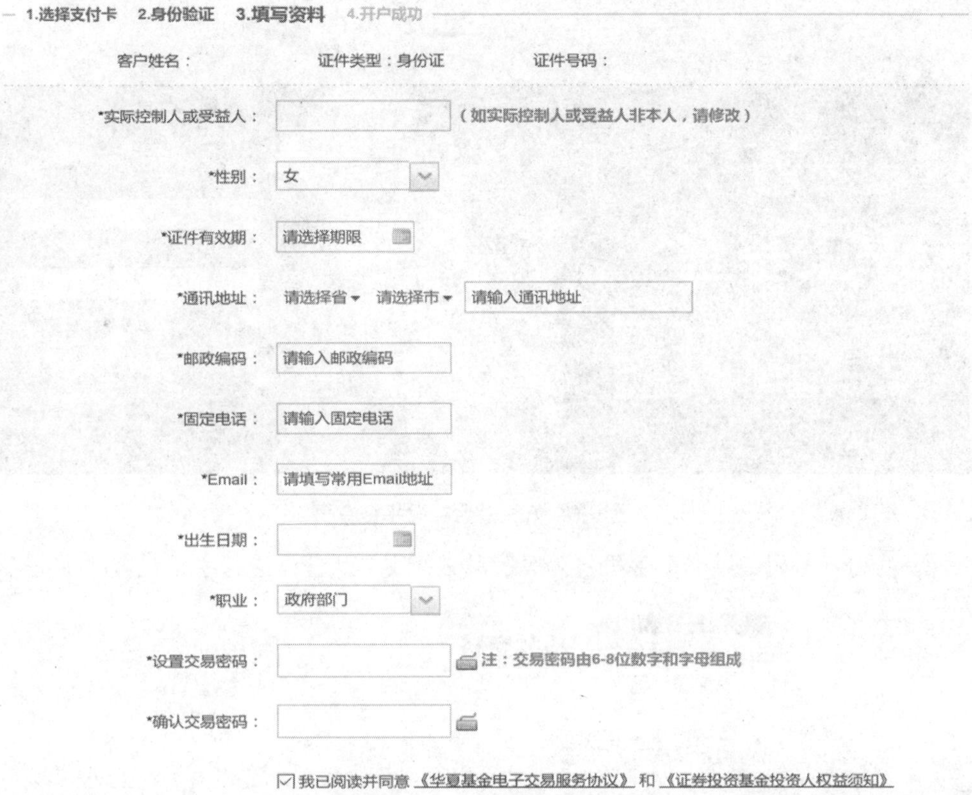

1.选择支付卡　2.身份验证　3.填写资料　4.开户成功
客户姓名：
证件类型：身份证
证件号码：
*实际控制人或受益人：
（如实际控制人或受益人非本人，请修改）
*性别：
女
*证件有效期：
请选择期限
*通讯地址：
请选择省
请选择市
请输入通讯地址
*邮政编码：
请输入邮政编码
*固定电话：
请输入固定电话
*Email：
请填写常用Email地址
*出生日期：
*职业：
政府部门
*设置交易密码：
注：交易密码由6-8位数字和字母组成
*确认交易密码：
我已阅读并同意《华夏基金电子交易服务协议》和《证券投资基金投资人权益须知》

图 6-4　填写资料页面

(4) 系统提示开户成功(见图 6-5)。

网上交易开户已成功！
登录后您可以立即 新增支付账户 | 购买基金 | 定期定额
立即登录网上交易
你亦可联系 在线客服 或 400-818-6666客服热线

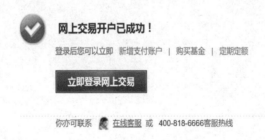

图 6-5　开户成功页面

(二)专业基金平台开户流程

下面以好买基金为例进行介绍。

登录好买基金交易平台(见图 6-6)，进行免费开户。

图 6-6　好买基金交易平台首页

填写身份证号码、姓名、手机号码等信息进行实名认证；进行密码设置(见图 6-7)。

图 6-7　好买基金平台开户填写信息页面(1)

确认密码，勾选签署相关协议(见图 6-8)。

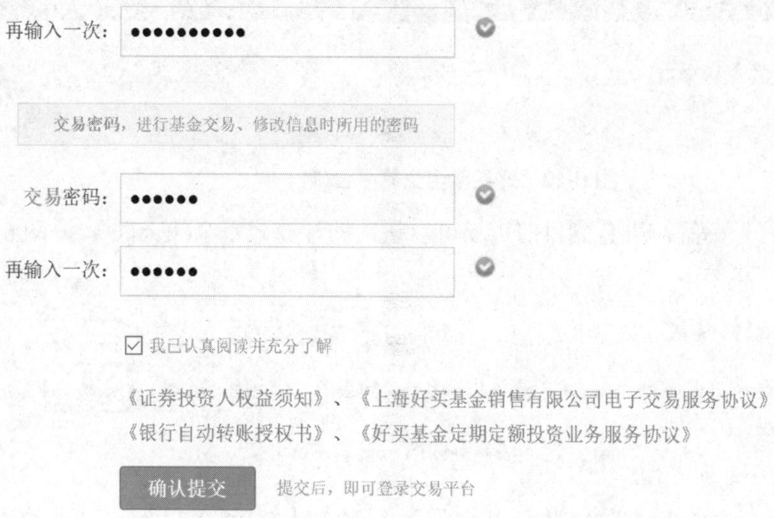

再输入一次：●●●●●●●●●●　✓

交易密码，进行基金交易、修改信息时所用的密码

交易密码：●●●●●●　✓

再输入一次：●●●●●●　✓

☑ 我已认真阅读并充分了解

《证券投资人权益须知》、《上海好买基金销售有限公司电子交易服务协议》
《银行自动转账授权书》、《好买基金定期定额投资业务服务协议》

确认提交　提交后，即可登录交易平台

图 6-8　好买基金平台开户填写信息页面(2)

单击"确认提交"按钮，开户完成。

二、基金认购

投资者开户后，在基金合同生效前购买基金份额为基金认购。

(一)开放式基金认购

下面仍以好买基金平台为例进行介绍。首先输入交易账户和密码进行交易平台登录(见图 6-9)。

图 6-9　好买基金登录页面

单击"基金超市"标签(见图 6-10)。

图 6-10　好买基金交易平台(1)

单击"新基发行"标签，可看到目前市场可以认购的开放式基金(见图 6-11、图 6-12)。

图 6-11　好买基金交易平台(2)

图 6-12　好买基金交易平台(3)

选择准备认购的基金，单击"立即购买"按钮(见图 6-13)。

图 6-13 基金认购产品页面

填写购买信息，单击"下一步"按钮(见图 6-14)。

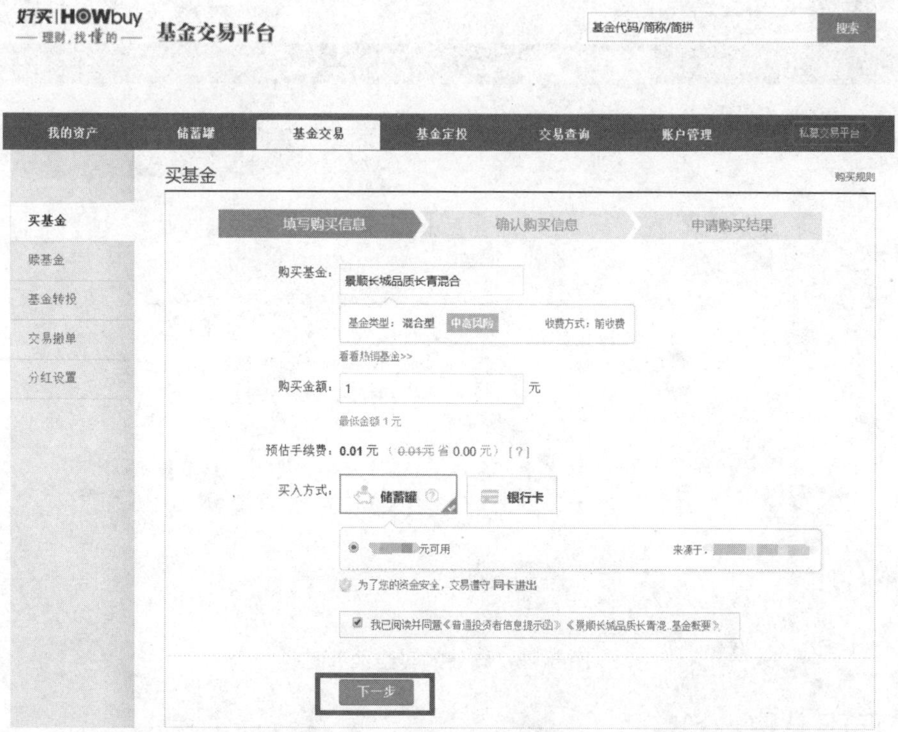

图 6-14 填写购买信息页面

确认购买信息无误后，输入交易密码，单击"确认"按钮(见图 6-15)。

图 6-15　确认购买信息页面

接下来，出现申请购买结果页面，如图 6-16 所示。

图 6-16　申请购买结果页面

(二)ETF 认购

ETF 基金募集期内，投资者可通过证券公司营业部柜台、电话委托及网上交易系统以现金方式认购 ETF 份额。同时还可进行网下现金认购和网下实物认购。

1. 网上认购

投资者可在交易日交易时间内，使用证券账户，在证券公司营业部柜台、电话委托及网上交易系统网上认购基金份额。网上认购采取现金形式，以份额申报，不可撤单。单一账户每笔认购份额应为 1000 份或其整数倍，最高不得超过 99 999 000 份。投资者可以多次认购，累计认购份额不设上限。

如图 6-17 所示，单击左侧窗格中的"场内基金"，单击"认购"，输入基金认购代码(认购代码与基金代码不同，建信中证有色金属主题 ETF 的基金代码为 516680，而认购代码为 516683)、认购份额(1000 份及其整数倍)，认购价格默认 1 元。

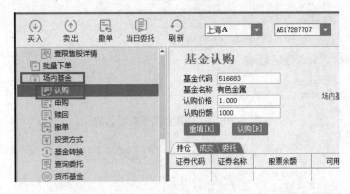

图 6-17 ETF 基金网上现金认购

2. 网下股票和现金认购

投资者还可持证券账户通过证券公司各营业网点使用现金或股票认购基金份额。其中，投资者进行网下股票认购时，原则上可以用单只或多只成分股票申请认购，基金管理人按规定的股票定价方式计算投资者所提交的股票市值金额，按市值金额确认基金份额。

1) 网下股票认购

如图 6-18，单击左侧窗格中的"场内基金"，单击"ETF 基金"，单击"ETF 网下"，单击"股票认购"，输入基金代码、证券代码、认购数量等信息，认购价格默认为 1 元，单击"确定"按钮，即完成了网下股票认购操作。

2) 网下现金认购

如图 6-19，单击左侧窗格中的"场内基金"，单击"ETF 基金"，单击"ETF 网下"，单击"现金认购"，输入基金代码、认购数量等信息，认购价格默认为 1 元，单击"确定"按钮，即完成了网下现金认购操作。

几种认购方式的区别在于：网上现金认购是通过交易所网上系统提交认购指令，认购资金实时冻结，当天清算划扣资金。网下现金认购是认购资金在当日只是冻结，并不划转，待网下现金认购截止日，券商会通过交易所网上系统统一提交认购指令，资金从投资人账户中划出，并划入基金募集专户。网下股票认购是投资人在提交认购申请后，认购所需股票在投资人个人账户里进行冻结。待认购期结束，且基金合同生效后，冻结的股票才进行划转，并划入基金专户。在此期间，如果该股票有现金红利、送股、转增、配股等权益分配，均归投资者个人所有。

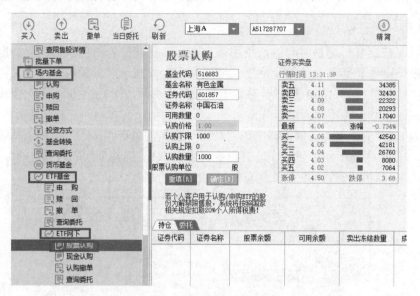

图 6-18　ETF 基金网下股票认购

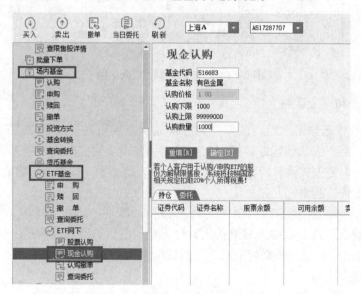

图 6-19　ETF 基金网下现金认购

三、开放式基金申购、赎回与转换

下面以好买基金交易平台为例进行介绍。

(一)开放式基金申购

(1) 填写购买信息。单击"基金交易"，单击"买基金"，输入购买基金名称或代码、购买金额，单击"下一步"按钮(见图 6-20)。

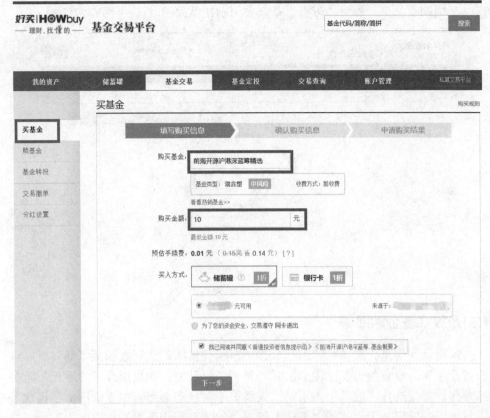

图 6-20　填写基金申购信息页面

(2) 确认购买信息。确认购买信息无误后，输入交易密码，勾选签署服务协议，单击"确认"按钮(见图 6-21)。

图 6-21　确认申购信息页面

(3) 反馈购买结果。投资者可查看基金公司确认结果的时间(见图6-22)。

图6-22　申购结果页面

(二)开放式基金赎回

(1) 填写赎回信息。选择可赎回基金，填写赎回份额，选择赎回至"储蓄罐"或"份额所在银行卡"。设置如出现巨额赎回时，是否顺延赎回，如果选择了"顺延"就是第二天继续赎回，如果选择"取消"表示第二天系统不会自动赎回，如需赎回需要再次委托；如果不发生巨额赎回，无论选择"顺延"还是"取消"其均不发生作用，也不会影响交易结果。最后单击"下一步"按钮(见图6-23)。

图6-23　填写赎回信息页面

(2) 确认赎回信息。核对赎回信息无误后，输入交易密码，单击"确认"按钮(见图6-24)。

图 6-24 确认赎回信息页面

(3) 反馈赎回结果。系统提示赎回申请已经受理和赎回金额到账时间(见图6-25)。

图 6-25 申请赎回结果页面

(三)基金份额转换

对于不同基金产品，投资者可直接进行转换操作，从而提高交易效率，节省交易时间。下面以好买基金交易平台为例进行介绍。

(1) 选择转出基金。在账户基金中选择准备转换的基金，单击"转投"(转投支持不同基金公司之间的基金，转换只支持同一基金公司的产品)，如图6-26所示。

图 6-26　选择转出基金页面

(2) 选择转入基金。填写转入基金名称,选择转投方式为"基金转换",填写转出份额(一般最低为 100 份),单击"下一步"按钮(见图 6-27)。

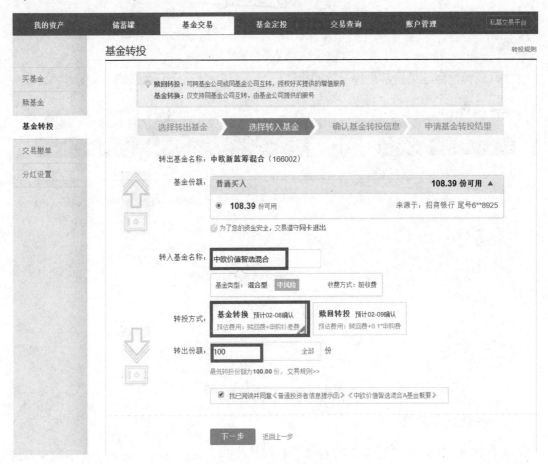

图 6-27　选择转入基金页面

(3) 确认基金转投信息。核对基金转投信息无误后,输入交易密码,单击"确认转换"按钮(见图 6-28)。

图 6-28　确认转投信息页面

(4) 反馈申请转投结果。系统提示基金转投申请已经受理和查询确认结果的时间(见图 6-29)。

图 6-29　申请基金转投结果页面

四、基金买卖

封闭式基金、ETF 基金、LOF 基金都有交易所内交易功能，其交易流程类似于股票买卖,投资者首先开立证券账户才能进行交易。

(1) 基金委托买入。投资者进入证券交易系统,单击左侧功能菜单中的"买入",输入证券代码、买入价格、买入数量,单击"买入"按钮,核对买入信息无误后,单击"是"按钮即完成了基金买入操作(见图6-30)。

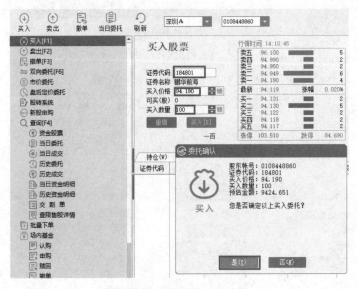

图 6-30　基金买入委托页面

(2) 基金委托卖出。投资者进入证券交易系统,单击左侧功能菜单中的"卖出",输入证券代码、卖出价格、卖出数量,单击"卖出"按钮,核对卖出信息无误后,单击"是"按钮即完成了基金卖出操作(见图6-31)。

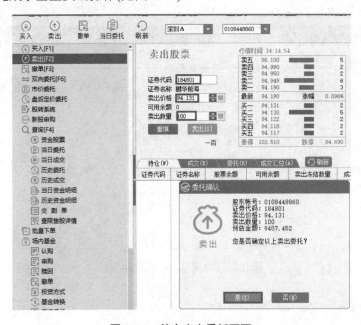

图 6-31　基金卖出委托页面

五、基金定投

基金定期定额投资是指在固定的时间(如每月 1 日)以固定的金额(如 1000 元)投资到指定的开放式基金中，由系统自动扣款的过程，又称基金定投。下面以证券交易系统操作为例介绍基金定投的流程。

(1) 在证券交易系统左侧功能菜单中单击"基金定投"(见图 6-32)。

图 6-32 证券交易软件基金定投页面

(2) 填写基金代码、定投金额，设置好期满类型，单击"确认"按钮即可。期满类型包括截止日期和定投次数两种，如选择截止日期，则需设置好扣款日期和截止日期(见图 6-33)，如选择定投次数，则需设置好扣款日期和定投次数(见图 6-34)。

有些交易系统还支持按周扣款。投资者需保证关联银行卡有足额定投资金，否则扣款失败，连续 3 次扣款失败，基金公司会自动暂停定投操作。定投合约也可随时修改与终止。

图 6-33 基金定投设置(1)

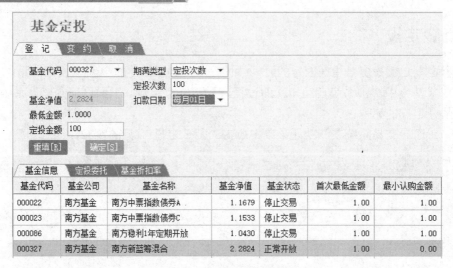

图 6-34　基金定投设置(2)

思政融入案例

　　证监会查明，2013 年至 2017 年，赵艰申在财通基金管理有限公司、上投摩根基金管理有限公司任职期间，与其参与管理的 4 只基金趋同交易 39 亿余元，非法获利 1523 万元，涉嫌犯罪。2020 年 10 月赵艰申被法院判处有期徒刑 4 年，没收违法所得并处罚金 2280 万元。

　　案例点评：《公开募集证券投资基金管理人及从业人员职业操守和道德规范指南》明确规范，基金从业人员不得利用职务之便为自己或他人获取不当利益，基金管理人和从业人员应当坚决杜绝内幕交易行为和利用未公开信息交易行为。这一案例警示我们，资产管理行业从业人员要严守职业准则，为投资者最大利益忠实履行管理职责，远离利益输送等违法红线。

实验思考

1. 选择公募基金时应考虑哪些因素？
2. 基金定投定期需要设置止损止盈吗？

实验七　期货交易认知实验

实验目的

掌握内外盘期货交易品种的交易规则，熟悉交易计划的制订方法，能够利用基本技术分析方法选择期货交易品种进行投资。

期货交易认知实验.mp4

实验要求

(1) 利用文华财经赢顺云(wh6)查找重要事件发表时间表。

(2) 利用深圳希施玛虚拟交易计算竞赛端账户进行期货投机交易开仓，设置止盈、止损价格，并完成如表7-1所示的交易明细报告。

表7-1　交易明细报告

交易品种	开仓方向	买入/卖出价格	持仓数量(手)	保证金(元)	资金使用比例(%)	止盈策略	止损策略

(3) 学生针对持仓情况进行交易总结，并填写如表7-2所示的表格。

表7-2　持仓品种交易总结

交易品种	持仓方向	持仓数量	保证金	资金使用比例	盈亏	盈亏率	交易总结

(4) 老师对班级学生交易情况进行总结、点评。

实验内容

利用深圳希施玛虚拟交易计算竞赛端账户进行期货投机交易。

实验材料

深圳希施玛虚拟交易所模拟交易账户。

实验步骤

视频：期市你知道——平安期货 文华赢顺云行情交易软件使用介绍 https://haokan.baidu.com/v?vid=4221100226366961876&pd=bjh&fr=bjhauthor&type=video

一、开户

(一)适当性开户

2017 年 7 月 1 日起《证券期货投资者适当性管理办法》正式实施，对于：

(1) 新增客户，必须先做适当性评估，再受理其相关业务。

(2) 客户办理金融编码申请、能源中心编码申请、期权权限申请业务时，需先做适当性评估。

(3) 休眠账户激活与新增客户适当性手续一致。

普通投资者适当性评估方式：

(1) 选择准备开户的期货公司，登录其官网，单击投资者适当性测评界面。

(2) 关注期货公司公众号，进行投资者适当性评估。

某期货公司普通投资者微信适当性评估操作示例如下。

第一步

填写姓名、身份证号、手机号，获取验证码并填写后，点击"开始测试"按钮，如图 7-1 所示。

图 7-1 适当性评估界面(1)

第二步

填写基本资料，点击"下一步"按钮(见图 7-2 左)后，进入基本资料(选填)界面，填写相关信息后，点击"下一步"按钮(见图7-2右)。

图7-2 适当性评估界面(2、3)

第三步

勾选投资目标，点击"提交"按钮(见图7-3)。

图7-3 适当性评估界面(4、5)

第四步

进入适当性评估问卷作答界面，共 20 题，完成后点击"确认无误，提交"按钮(见图 7-4)。

图 7-4　适当性评估界面(6、7)

第五步

系统根据客户所选答案给出评估结果，告知客户风险承受能力等级以及适配的产品或服务(见图 7-5)。

图 7-5　适当性评估界面(8)

(二)商品期货开户

目前，期货公司支持线上和线下两种开户方式，线上开户通过期货公司官网或开户App，线下即到期货公司营业部临柜办理。下面以某期货公司为例，介绍 App 开户流程。

1. 所需材料

(1) 有效期内的居民二代身份证(注意:一代身份证、临时身份证或已过期的身份证均不可开户)。

(2) 银行借记卡。

(3) 本人手写签名拍照。

2. 开户流程

(1) 选择期货公司。

在"请输入期货公司编号"文本框中输入期货公司编号,点击"业务办理"按钮进入下一步(见图7-6)。

图7-6 选择期货公司

(2) 开立期货账户。

在"业务选择"界面点击"开立期货账户",进入后续操作(见图7-7)。

图7-7 进行业务选择

(3) 登录期货开户系统。

输入本人身份证号码和图形验证码,点击"下一步"按钮(见图7-8)。

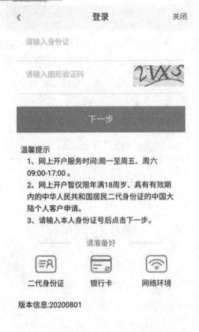

图 7-8　登录期货开户系统界面

(4)　手机号注册。

输入本人手机号、正确的图形验证码和短信验证码，点击"马上开户"按钮进入后续操作(见图 7-9)。

图 7-9　开立期货账户界面

(5)　上传身份证和手写签名照片。

按照提示分别点击"身份证正面上传""身份证反面上传"和"个人签名照上传"，上传成功后勾选"我已阅读并同意"，点击"下一步"按钮(见图 7-10)。(注意：身份证的拍摄应无切边、无切角、无反光、无阴影、无倾斜，不可直立、拿在手上或放在腿上，务必保证背景干净。手写签名照应保证字迹清晰完整，禁止使用圆珠笔和铅笔)

图 7-10　上传身份证照片界面

(6)　填写基本信息资料(见图 7-11)。

请根据本人实际情况进行填写，全部填写完毕后点击"下一步"按钮进入后续操作。

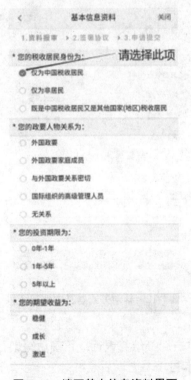

图 7-11　填写基本信息资料界面

(7) 信息采集及营业部选择。

核对并完善基本信息资料，选择相应的开户营业部。根据实际情况填写居间人名称，确保所填信息无误后点击"下一步"按钮(见图7-12)。

图 7-12　核对并完善基本信息资料

(8) 银期绑定。

上传银行卡正面照片，单击选择结算银行；正确填写银行网点(填写规范：××银行××分行××支行)，确认银行卡号填写无误后点击"下一步"按钮(见图7-13)。

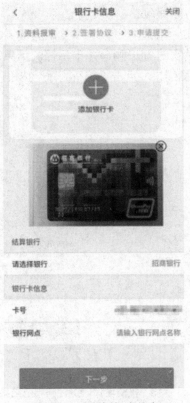

图 7-13 填写银行卡信息

(9) 投资者适当性分类选择。

一般投资者请选择"普通投资者"选项；满足下方温馨提示所述条件者可以选择"专业投资者"选项(见图 7-14)。

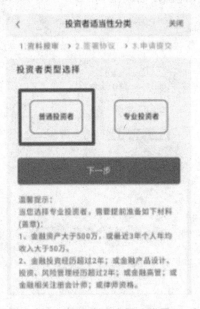

图 7-14 投资者适当性分类界面

(10) 投资者风险承受能力测评问卷。

普通投资者请根据自身实际情况填写风险承受能力问卷。作答完成后点击"下一步"按钮，系统将根据您的作答情况进行评测，并出示评测结果，如对评测结果无异议请点击"下一步"按钮；如不满意评测结果，点击"重新测评"按钮，返回上一步操作(见图7-15)。

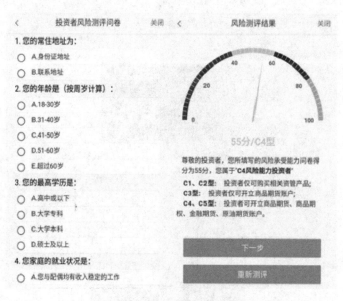

图 7-15 投资者风险测评问卷及结果

(11) 账户类型选择(见图7-16)。

开立商品期货账户，请选择上海期货交易所、大宗商品交易所和郑州商品交易所三家交易所。已经在其他期货公司申请开户并取得中国金融交易所、上海能源交易中心交易编码的客户，可相应进行中金和能源交易所的勾选。

图 7-16 账户类型选择界面

(12) 查看和阅读协议。

查看所有开户有关协议后，勾选"我已阅读并同意"选项，点击"下一步"按钮(见

图 7-17)。

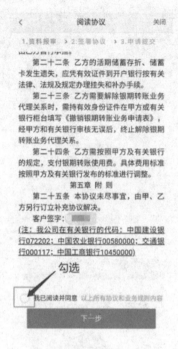

图 7-17　阅读协议界面

(13) 视频验证。

请准备好身份证件，点击"开始视频通话"按钮，进入视频验证环节(见图 7-18)。

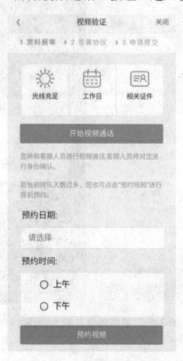

图 7-18　视频验证界面

(14) 安装数字证书。

期货公司后台视频验证通过后，设置证书密码(6～8 位数字)，完成后点击"申请并安装"按钮(见图 7-19)。如提示安装失败，多次尝试安装直至成功。

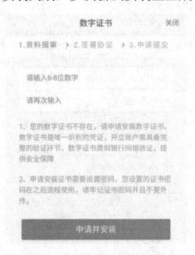

图 7-19　安装数字证书界面

(15) 签署协议。

勾选"我已阅读并同意"选项后，点击"签署协议"按钮，输入数字证书密码，点击"确认"按钮(见图 7-20)进入下一步。

图 7-20　签署协议并输入密码界面

(16) 在线回访。

如实填写回访问卷(见图 7-21)，填写完毕后，点击"下一步"按钮。

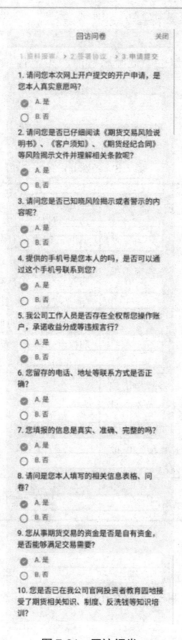

图 7-21 回访问卷

(17) 申请提交。

申请提交后，等待公司客服人员审核，收到开户成功短信后即为开户成功。如开户失败，则要根据相应提示进行整改。一般当天 14:30 前操作且视频认证完成，当天可以开户成功，14:30 以后完成则第二日开户成功。

(三)金融期货和特殊品种开户

1. 特殊开户种类

需要进行特殊开户的品种有以下三种：

(1) 金融期货。

(2) 特定品种商品期货：原油、低硫燃料油、20 号胶、铁矿石、PTA。

(3) 商品期权。

2. 特殊开户条件

特殊开户条件如表 7-3 所示。

表 7-3　特殊开户条件

交易品种	适当性分类评级	资　金	交　易	知识测评
金融期货	达到 C4 级别	个人投资者申请编码前连续 5 个交易日可用资金不低于 50 万元人民币	①近三年内具有 10 笔以上的境内、境外交易场所的期货、期权合约。②具有累计不少于 10 个交易日且 20 笔及以上的境内交易场所的期货合约或者期权合约仿真交易成交记录 *满足以上其中一项要求即可	中国期货业协会平台在线测试分数不低于 80 分 (http://www.cfachina.org/testcenter/)
特定品种 (铁矿石、PTA、20 号胶)	达到 C3 级别	个人投资者申请编码前连续 5 个交易日可用资金不低于 10 万元人民币或等值外币	同上	同上
商品期权	达到 C4 级别	同上	同上	同上

3. 特殊开户须提交的材料

(1) 中国期货业协会在线测试成绩单。

(2) 《金融、特定品种、期权交易者开户申请表》。

(3) 身份证正反面复印件。

二、下载软件

开户之后，投资者需要下载期货软件查看行情和交易。软件包括期货公司自己开发的交易软件、专业金融机构开发的软件、境外交易软件、期货仿真软件等几大类。下面重点介绍专业金融机构开发的软件和期货仿真软件。

(一)专业金融机构开发的软件

1. 博易云

上海博易大师公司推出的博易云交易版，支持恒生和 CTP 双后台交易接入，可进行客户商品期货、股指期货、期权等多品种交易。

2. 交易开拓者

交易开拓者旗舰版,是一款支持证券、期货、外盘市场的中高端专业投资者的专业金融交易软件。除多账户交易终端功能外,它还拥有丰富的程序化交易功能。

3. 文华赢顺云端交易软件

赢顺云端交易软件(wh6)是文华财经面向个人投资者量身打造的一款智能交易软件。wh6 采用最新的云端交易技术,开创了云端条件单、云端止损/盈单、云端备份等一系列云端功能,无须投资者开立期货账户即可下载使用。

4. 富远行情分析系统

面向中小投资者设计,上手快,性能稳,功能全,维护简单。产品按照"90%用户使用 10%行情分析系统功能"的思路设计,成为期货行情分析软件中的经典之作。

5. 易盛极星 9.3

由郑州易盛信息技术有限公司研发,多后台、多业务覆盖的专业行情交易软件,支持快速下单、本地套利、止损止盈等功能,针对大众投资者。

(二)期货仿真软件

目前,市场上的期货仿真软件非常多,包括期货公司开发的网上仿真交易软件、博易大师仿真交易版、易盛极星仿真软件、咏春仿真软件、文华财经赢顺云行情交易软件等。除文华财经赢顺云行情交易软件可直接使用外,其他仿真交易软件都需开通期货或期权仿真账户才可以使用。

(三)期货软件功能简介

下面以文华财经赢顺云行情交易软件(wh6)为例,介绍期货软件的功能。

1. 系统报价界面

如图 7-22 所示,修改报价抬头顺序,可在右键快捷菜单中选择【抬头格式(域)调整】命令。更换报价列表合约,在右键快捷菜单中选择【选入合约】命令。

2. K 线图界面

如图 7-23 所示,再增加一个副图窗口,可在右键快捷菜单中选择【增加副图】。切换主图/副图指标,可在右键快捷菜单中选择【技术指标】命令。

3. 分时图界面

如图 7-24 所示,同时显示其他合约的分时图,可在右键快捷菜单中选择【其他】|【叠加其他合约】命令。看多天的连续分时图,可在右键快捷菜单中选择【历史回忆】命令。修改分时图的上下坐标范围,可在右键快捷菜单中选择【设置坐标范围】命令。

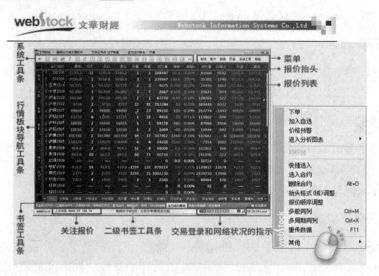

图 7-22　赢顺云系统报价界面

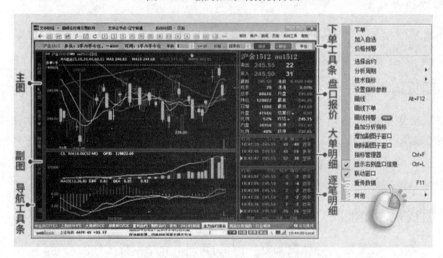

图 7-23　赢顺云 K 线图界面

图 7-24　分时图界面

4. 交易界面

如图 7-25 所示，对某个持仓设置止损，可在右键快捷菜单中选择【设置止损单】命令。平所有持仓，可在右键快捷菜单中选择【撤平仓单+账户清仓】。对挂单撤单重发委托，可在右键快捷菜单中选择【对价跟进】命令。撤掉所有挂单，可在右键快捷菜单中选择【撤所有挂单】命令。

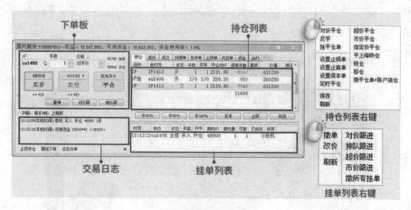

图 7-25 分时图界面

5. 建立和加载指标

如图 7-26①～⑤所示，可建立和加载指标。

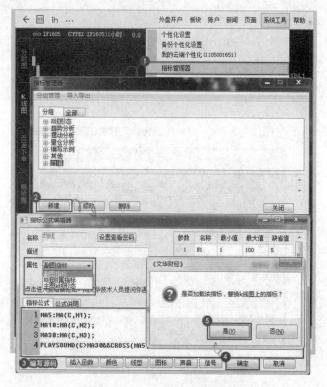

图 7-26 建立和加载指标界面

注：如果选择"副图指标"选项，指标加载后显示在副图上；选择"主图附加指标"选项，指标加载后作为 K 线的附加指标显示在主图上；选择"主图 K 线形态"选项，指标加载后代替 K 线显示在主图上。

6. 下单操作

以期货账户为例，在软件界面右上方菜单栏中选择【账户】→【期货账户】→【下单主窗口】命令，调出交易界面，在左侧功能菜单中选择【三键下单】/【传统下单】命令，如图 7-27 所示。

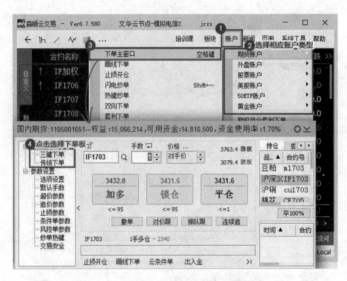

图 7-27　赢顺云交易界面

如图 7-28 中①～③所示步骤使用三键下单。注：单击【平仓】按钮后，软件根据持仓方向自动判断发买平或卖平委托。

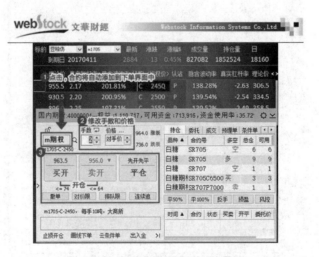

图 7-28　赢顺云期货三键下单界面

7. 期权交易

1) 投机开平仓

如图 7-29 中①~③所示，这是利用三键下单进行期权下单。注：单击【平仓】按钮后，软件根据持仓方向自动判断发买平或卖平委托。

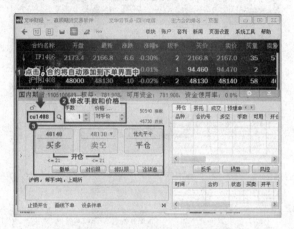

图 7-29　赢顺云期权三键下单界面

如图 7-30 所示，是利用传统下单进行期权下单。

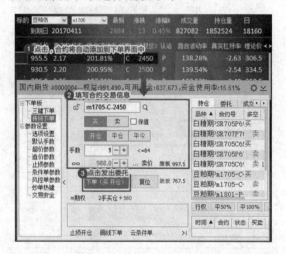

图 7-30　赢顺云传统下单界面

2) 行权/放弃行权

如图 7-31 所示，这是进入行权/放弃行权界面。

(1) 行权。

如图 7-32 所示，这是进行行权操作。

(2) 放弃行权。

如图 7-33 所示，这是放弃行权操作。

(3) 撤销行权/放弃行权申请。

如图 7-34 所示，这是撤销行权/放弃行权申请。

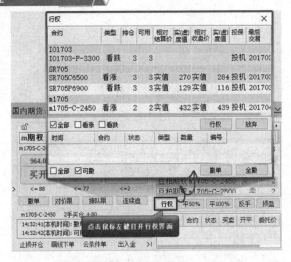

图 7-31 赢顺云行权/放弃行权界面

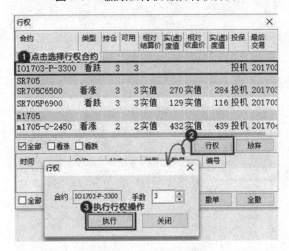

图 7-32 赢顺云行权界面

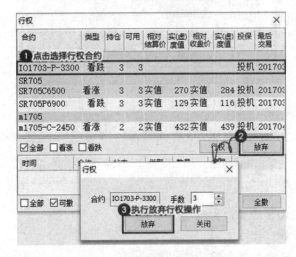

图 7-33 赢顺云放弃行权界面

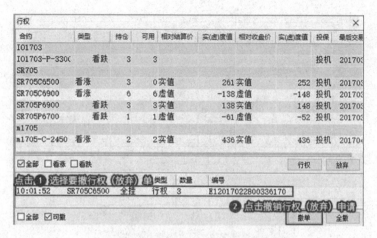

图 7-34 撤销行权/放弃行权申请界面

8. 设置止盈止损

1) 开仓自动止损止盈设置

(1) 手动开仓成交后，持仓单自动带有止损止盈设置。手动开仓是指使用"三键下单""传统下单""下单工具条""下单精灵""炒单热键""下单键盘"开的仓。按图 7-35①～④步设置好，当开仓成交后持仓自动带有③处所选的止损止盈策略(止损止盈的价差值取图 7-35 中④处的设置值)。

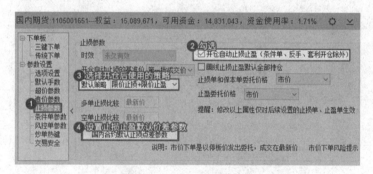

图 7-35 赢顺云自动设置止损界面

(2) 条件单开仓和画线开仓如果启动了开仓自动止损(在交易界面左侧的【条件单参数】中设置)，也是按照图 7-35 中③处的默认策略和④中的参数值启动止损。

2) 对已有持仓设置止损止盈

(1) 设置止损单。

在持仓列表中右击，在弹出的快捷菜单中选择"设置云止损单"命令，在弹出的界面中进行操作，如图 7-36 中的①～③所示。

(2) 设置止盈单。

在持仓列表中右击，在弹出的快捷菜单中选择"设置云止盈单"命令，在弹出的界面中进行操作，如图 7-37 中的①～③所示。

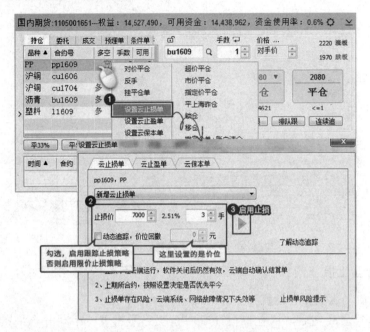

图 7-36　赢顺云设置止损界面

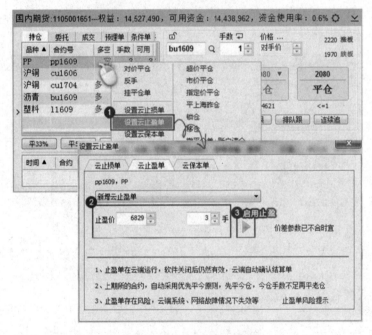

图 7-37　赢顺云设置止盈界面

（3）设置保本单。

在持仓列表中右击，在弹出的快捷菜单中选择"设置云保本单"命令，在弹出的界面中进行操作，如图 7-38 中的①～③所示。

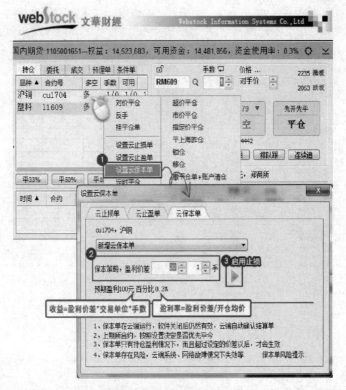

图 7-38 赢顺云设置保本界面

三、期货投机交易

(一)选择期货交易品种

1. 选择期货合约品种

通过基本面分析，选择认为有投资价值的期货合约品种，如沪银。

2. 确定沪银的主力合约

主力合约即为成交量和持仓量最大的合约。因期货有不同合约月份，金属产品一般每个月都有合约，投资者不可能每个都进行交易，一般投资者都会选择主力合约进行交易，因为主力合约的成交最为活跃。登录同花顺行情软件，单击右上角"期货"标签(见图 7-39)。

单击"主力合约"，出现主力合约页面(见图 7-40)，可以看到所有期货合约品种的主力合约，如沪银的主力为 2021 年 6 月份的合约。

图 7-39　同花顺期货综合屏页面

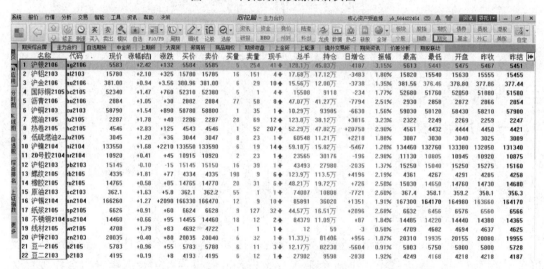

图 7-40　同花顺期货主力合约页面

3. 查看期货合约行情图，进行期货合约技术分析

双击具体品种，就可查看该品种的分时走势和 K 线图，如图 7-41 和图 7-42 所示。

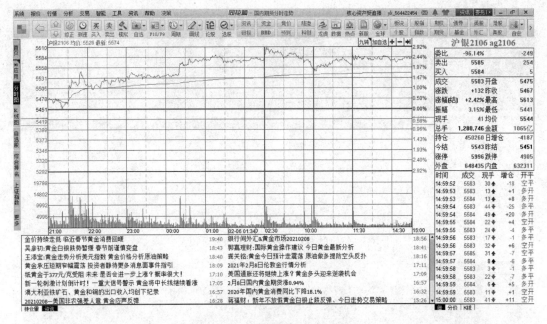

图 7-41　沪银期货分时走势图

图 7-42　沪银期货技术分析图

(二)登录模拟交易账户

登录国泰君安模拟交易所，教师设置将学生加入比赛后，学生即可登录模拟交易账户，如图 7-43 所示。单击左侧功能菜单中"交易中心"的"银证转账"进行银证转账(见图 7-44)。分别单击"商品期货资金账户"和"金融期货资金账号"，输入相应金额完成银证转账(见图 7-45)。

图 7-43　国泰君安模拟交易所登录页面

图 7-44　国泰君安模拟交易所个人账户页面

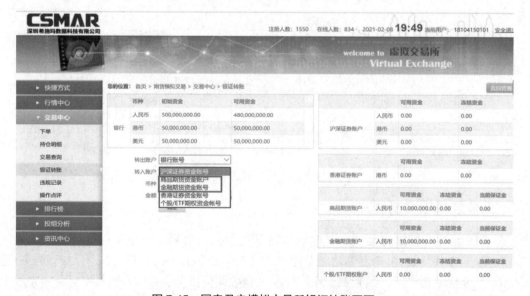

图 7-45　国泰君安模拟交易所银证转账页面

(三)利用模拟交易账户进行期货交易

1. 下单委托

打开商品期货下单页面,进行下单委托。

(1) 代码:英文字母+合约年份月份,如沪银 2021 年 6 月份的合约,代码为 AG2106。

(2) 买卖方向:买卖方向有 4 种,买开、卖开、买平、卖平,做多开仓选买开,做空开仓选卖开,做多平仓选卖平,做空平仓选买平。

(3) 委托类型:包括限价委托和市价委托两种。

(4) 委托价格:选择限价委托要输入具体价格,在填报价格时要注意不同品种最小变动价位不同,填错系统会拒绝接收;选择市价委托则意味着以涨停价买入,跌停价卖出。

(5) 委托数量:以手为单位。

图 7-46~图 7-49 分别列出了买开、卖开、卖平、买平的委托下单情况。

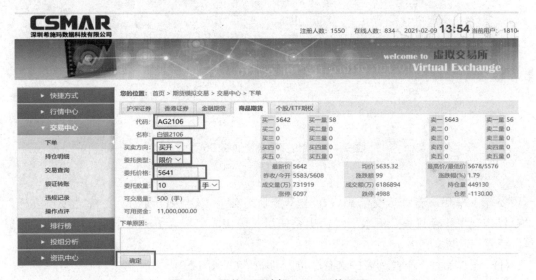

图 7-46　限价买开沪银 2106 下单页面

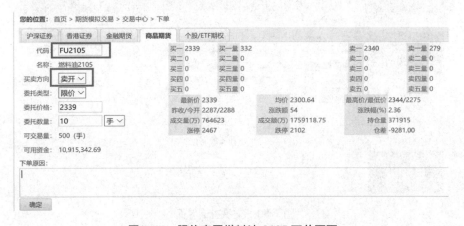

图 7-47　限价卖开燃料油 2105 下单页面

图 7-48 限价卖平沪银 2106 页面

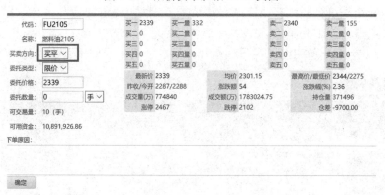

图 7-49 限价买平燃料油 2105 页面

2. 成交查询

委托下单后，查询成交状态，单击左侧功能菜单"交易查询"，支持"今日委托""今日成交""今日资金流水""历史委托""历史成交""历史资金流水""期货结算单"等查询功能。

(1) 在"品种"下拉列表中选择"商品期货"(见图 7-50)。

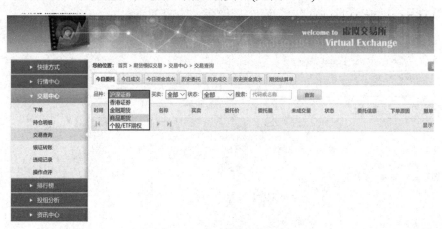

图 7-50 交易查询界面

(2) 单击"今日委托"标签，可查看委托时间、代码、名称、买卖方向、开平、委托价、委托量、成交价格、状态、委托信息、下单原因等(见图 7-51)。如果图中显示目前委托尚未成交,可选择挂单和撤单重新报价。

图 7-51　商品期货今日委托页面(1)

(3)　单击"撤",可将未成交委托撤销(见图 7-52)。

图 7-52　商品期货今日委托页面(2)

(4)　单击"今日成交",可查询当日所有品种成交情况,包括成交时间、代码、名称、买卖方向、开平、成交量、成交价、交易费、交易所和成交类型(见图 7-53)。

您的位置: 首页 > 期货模拟交易 > 交易中心 > 交易查询　　　　返回竞赛列

| 今日委托 | 今日成交 | 今日资金流水 | 历史委托 | 历史成交 | 历史资金流水 | 期货结算单 |

品种: 商品期货　买卖: 全部　开平: 全部　成交类型: 全部　搜索: 代码或名称　　查询

时间	代码	名称	买卖	开平	成交量	成交价	成交金额	交易费	交易所名称	成交类型
20210209 14:00:47	AG2106	白银2106	买	开	10	5,641.000	846150.000	42.308	上期所	成交
20210209 14:05:06	FU2105	燃料油2105	卖	开	10	2,339.000	233900.000	4.678	上期所	成交
20210209 14:07:43	AG2106	白银2106	卖	平	3	5,642.000	253890.000	12.695	上期所	成交
20210209 14:07:49	AG2106	白银2106	卖	平	2	5,642.000	169260.000	8.463	上期所	成交
20210209 14:08:04	FU2105	燃料油2105	买	平	5	2,339.000	116950.000	2.339	上期所	成交

第1　共1页　　　　　　　　　　　　　　　　　　　　显示1到5,共5记

图 7-53　商品期货今日成交页面

3. 持仓查询

单击左侧功能菜单"持仓明细",再单击"商品期货",显示"商品期货账户"和"持仓明细"(见图 7-54)。在"商品期货账户"中可查询账户资产、期初权益、可用资金、冻结资金、持仓保证金、持仓盯市盈亏、持仓浮动盈亏、今平盯市盈亏、今平浮动盈

亏、累计平仓盈亏、累计交易费、资产比例、资金风险度等信息。在持仓明细中可查询现有持仓的代码、合约名称、买卖方向、今开可用、历史开可用、冻结数、总持仓、开仓均价、持仓保证金、浮动盈亏等信息。

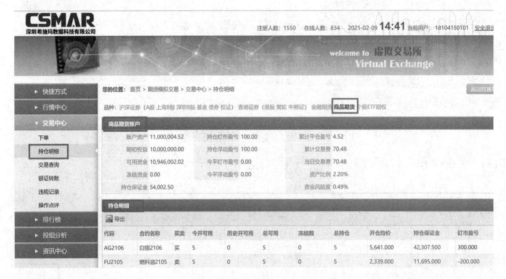

图 7-54 商品期货持仓明细页面

 思政融入案例

中行原油宝"第一案"宣判!

2020年4月,海外极端负油价导致中国银行旗下"原油宝"理财产品大面积爆仓。据媒体报道,6万余中行客户共损失保证金42亿元,还"倒欠"中行保证金逾58亿元。

中国银行与投资人由此展开漫长的拉锯战。中行一度提出,免除投资人爆仓金额,再赔付20%本金,但仍有投资人拒绝接受,并选择起诉中行。

江苏省南京市鼓楼区人民法院于2020年12月24日一审公开开庭审理3件涉中国银行"原油宝"事件民事诉讼案件。庭审结束后,一件案件经法院主持调解,双方当事人于庭审当天达成调解协议,该案调解结案,并于次日全部履行完毕。

12月31日,鼓楼区人民法院对另两件案件一审公开宣判,判决由中国银行承担原告全部穿仓损失和20%的本金损失,返还扣划的原告账户中保证金余额,并支付相应资金占用费。

法院经审理认为,中国银行"原油宝"产品于2017年报中国银行保险监督管理委员会备案设立,采取的是100%保证金交易模式,不具有期货杠杆交易的典型特征,因此双方当事人就投资"原油宝"产品事项签订的《中国银行股份有限公司金融市场个人产品协议》系双方真实意思表示,内容不违反法律、行政法规的强制性规定,合法有效。

法院经审理认为,中国银行按照银行业适当性标准,而非期货业适当性标准销售"原油宝"产品并无不当,原告认为中国银行向风险测评结果为平衡型的投资者销售"原油宝"产品违反适当性义务的观点缺乏依据,不予支持。

此外，法院指出，中国银行在交易过程中虽然通过官方网站以及通过向投资者发送手机短信等方式提示油价波幅大、市场风险提升，以及 2005 合约临近到期流动性变差等内容，但在产品设计上未考虑原油期货产品会出现负价极端情况，在交易过程中未能向投资者提示负油价带来的风险，且未执行协议中关于保证金充足率降至 20%(含)以下时强制平仓的约定，因此给投资者造成的损失，中国银行应予赔偿，江苏省南京市鼓楼区人民法院遂作出上述判决。

　　此外，2020 年 12 月 5 日，银保监会发布公告，对中国银行"原油宝"产品风险事件作出行政处罚决定，对中国银行及其分支机构合计罚款 5050 万元。并对中国银行全球金融市场交易部两任总经理甄梅、王卫东分别处以警告，罚款 50 万元。

　　案例点评：中行原油宝事件给我们带来了诸多思考和启示。首先从金融机构角度来看，我国银行参与国际期货交易的经验和能力还有很大的进步空间，相关人员的专业素养培训、银行在相关产品的设计中都亟待进步。金融机构应加强产品研发，尤其是对于创新类、复杂类的金融产品，要提升专业性，强化风险意识，加强风险管控，特别是要提升市场异常波动下的应急处置能力，同时，要规范产品宣传营销，把握好适度性，加强投资者教育与权益保护。其次，从投资者角度看，在投资之前，一定得摸清自己相中的理财产品的所有信息，包括但不限于该产品的规划设计、交易流程，还有其管理机构的风控能力、风险意识、预警系统，以及该投资标的的收益与风险之比、保证本金与否或是否设有诸如触仓警戒线等一系列保障投资者的根本利益不受不确定性极强的所谓高收益投资市场所侵犯的机制及应对措施。

　　(资料来源：中行原油宝"第一案"判了："判决如此之快出乎所有人意料"，陕西法制网，
https://baijiahao.baidu.com/s?id=1687814120666633303&wfr=spider&for=pc)

 **实验思考**

1. 有人认为，做空投机性强，不利于市场稳定。请谈谈你对期货做空的认识。
2. 如何控制期货交易中的杠杆风险？

实验八　跨期交易套利认知实验

实验目的

掌握跨期套利、跨品种套利、跨市场套利的基本原理，能够在分析套利机会的基础上制订套利计划。

实验要求

设计品种跨期套利方案，利用国泰安、文华赢顺云模拟交易系统进行跨期套利，复盘总结跨期套利效果。

实验内容

(1) 统计 5 月份白糖、9 月份白糖的价差。

(2) 发现是否有套利机会。

(3) 制订套利计划并开仓，填写如表 8-1 所示的实验报告。

表 8-1　套利操作实验报告(1)

项　目	开仓方向	开仓价格	保证金(按 10%收取)	平仓方向	平仓价格	手续费
SR2105						
SR2109						
价差	/		/	/		/
止损策略						
套利效果	(1)成本 (2)套利盈亏 (3)套利盈亏率					

实验材料

深圳希施玛虚拟交易所、文华赢顺云。

实验步骤

一、基本原理

在期货交易中，由于同一商品的不同合约的价格受到同样的因素影响，因此一般是同涨同跌的，而且最终合约间的价差往往有一定的规律性，而决定合约间价差的因素主要有持仓费用、季节性因素、现货供求状况变化和人为因素等。但在合约存活的整个交易过程中，由于资金对各合约的交易的不均衡，各合约的涨跌幅度往往是不一致的。正是这种涨跌幅度的差异给了套利交易者获利的机会。

跨期套利是利用不同到期月份期货合约的价差变化，在买入一个期货合约的同时，卖出另一个期货合约，等价差扩大或缩小到一定幅度，将两个合约一起平仓来获利的操作模式。跨期套利是现实条件下最为成熟和风险较小的套利交易模式，理论上分为牛市套利与熊市套利两种模式。牛市套利：买入近期合约，卖出远期合约；熊市套利：卖出近期合约，买入远期合约。由于熊市套利不能转化为实盘套利，当现货紧张时近月对远月升水可以无限增加，因此反向套利的风险是事先不可预知的，在交易中必须要设好止损，执行严格的资金管理。

二、套利思路

无论是牛市套利还是熊市套利，要点都是要知道什么情形下价差属于正常范围、什么情形下价差属于不正常范围。只有价差处于不正常区域内，我们预期存在价差回归正常的过程，才能存在跨期价差套利机会。

根据历史数据统计结果导出一般情形下某月份的合约间的价差变化规律，然后对比本年度同月份的合约的价差变化情况，如果偏离过大，则可能存在价差回归过程，从而产生价差套利机会。由于资金面的松紧程度、商品的紧缺或过剩、国家的行业政策等因素很可能发生变化，使得目前的同种商品的价格环境与历史环境产生差异，导致价差可能不再向历史规律回归，因此按这个方式确定的套利机会还是存在一定的风险。

三、套利实例

下面以郑州白糖 5 与郑州白糖 9 价差为例来说明跨期套利操作过程。

跟踪郑州白糖 5 和郑州白糖 9 价差(参见图 8-1)。

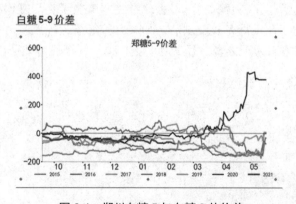

图 8-1 郑州白糖 5 与白糖 9 的价差

(资料来源：浙商期货研究所)

2020 年 4 月 20 日，SR2105 与 SR2109 之间的价差为 157 点，预期价差有所回归，套利机会出现。考虑 5 月份被高估，9 月份被低估，故卖出 1 手近月合约 SR2105，同时买入 1 手远月合约 SR2109，进行熊市套利。到 2020 年 5 月 20 日价差回归到-173 点，买入 SR2105、卖出 SR2109，平仓了结，盈利率为 30.82%，如表 8-2 所示。

表 8-2　套利操作实验报告(2)

项　目	开仓方向	开仓价格(元)	保证金(按 10%收取)(元)	平仓方向	平仓价格(元)	手续费(元)
SR2105	卖出	5422	=5422×10×10%=5422	买入	4833	3
SR2109	买入	5265	=5265×10×10%=5265	卖出	5006	3
价差	/	157	/	/	-173	/
止损策略	价差扩大到 200 时止损，亏损率为 4.08%					
套利效果	套利盈利=(157+173)×10-6=3294 元 套利成本=5422+5265=10687 元 盈利率=3294/10687=30.82%					

四、跨期套利注意事项

套利交易可能存在熊市套利价差不回归风险、牛市套利交割风险、流动性风险等。

(一)熊市套利价差不回归风险

熊市套利价差不回归风险是最常见也最容易导致套利交易亏损的风险。商品价格熊市中，市场对商品价格预期可能越来越悲观，从而导致远月价格进一步低估，使价差不能回归。

(二)牛市套利交割风险

在正向套利中，如果价差继续扩大，投资者需要通过交割来完成套利操作时，就存在交割风险。虽然最初操作正向套利时，价差已经基本覆盖了交割操作所需的费用，但增值税是不能完全确定的，在近月完成交割后，如果远月继续大幅上涨，则增值税的支出将持续增加，很快就会把本来并不太多的预期利润蚕食掉，甚至还可能会出现亏损。

(三)流动性风险

做套利操作计划时还需要对所操作的合约的流动性进行分析，如果成交量太小，将会造成大的价格冲击，使得成交后的价差不是预先计划的数量，从而导致套利交易失败。

思政融入案例

期货原油仓储费上调　上市公司宁波热电套利现巨亏

新浪财经讯 2020 年 4 月 26 日消息，宁波热电公告了关于原油期货跨期交割套利业务平仓的提示性公告。公告表示，本次仓储费从原来 0.2 元/(桶·天)调整到 0.4 元/(桶·天)，直接增加了公司原油期货跨期交割套利业务的成本，导致形成亏损，公司已完成了全部原油期货合约套利头寸平仓。

2020 年 4 月 16 日收盘后，上海国际能源交易中心发布《关于调整期货原油仓储费的通知》，上海国际能源交易中心，自 2020 年 6 月 15 日起，期货原油的仓储费标准暂调整为人民币 0.4 元/(桶·天)，由指定交割仓库向货主或其委托代理人收取。

宁波热电表示，本次仓储费从原来 0.2 元/(桶·天)调整到 0.4 元/(桶·天)，直接增加了公司原油期货跨期交割套利业务的成本，导致形成亏损。并表示经初步测算，公司该项业务的了结共计形成亏损 4 976.97 万元，预计对归属于上市公司股东的净利润的影响约为-3 732.73 万元人民币。

（资料来源：新浪财经，https://finance.sina.com.cn/stock/s/2020-04-26/doc-iirczymi8522883.shtml）

案例点评： 跨期套利虽然风险较低，但仍面临交割风险，作为上市公司，本着对股东负责的原则，应在做套利交易时制定科学有效的止损策略，同时在日常经营管理中注重金融人才的引进和培养，期货交易部门的建设和风险控制制度的规范和执行。

　**实验思考**

1. 如何有效控制跨期套利的风险？
2. 涉及期货交易的上市公司应该如何规避期货投资风险？

实验九　股指期现套利认知实验

实验目的

掌握股指期现套利的基本原理及作用，熟悉股指期现套利的操作方法。

实验要求

能够根据股指与股指期货的合情，分析股指期限套利机会，设计股指期限套利方案，进行股指期限套利操作。

实验内容

(1) 分析沪深 300 股指、中证 500 股指、上证 50 股指与沪深 300 股指期货、中证 500 股指期货、上证 50 股指期货的价差，观察是否存在期现套利机会。

(2) 设计期现套利方案，并填写如表 9-1 所示的实验报告。

表 9-1　期现套利操作实验报告(1)

	标的指数	开仓方向	开仓价格
指数对应股票组合			
股指期货			

(3) 执行期现套利方案，并进行盈亏统计与分析(假设资金借贷成本为年利率 5%)，填写如表 9-2 所示的实验报告。

表 9-2　期现套利操作实验报告(2)

日　　期	指　　数	股指期货
月　　日		
月　　日		
盈亏		
资金成本		
总盈亏		

实验材料

深圳希施玛模拟交易所、文华财经赢顺云。

一、股指期现套利基本原理

股指期货的理论价格可由无套利模型决定,一旦市场价格偏离了这个理论价格的某个价格区间(即考虑交易成本时的无套利区间),投资者就可以在期货市场与现货市场上通过低买高卖获得利润,这就是股指期货的期现套利(见图 9-1)。也即,在股票市场和股指期货市场中,股票指数价格的不一致达到一定的程度时,就可能在两个市场同时交易获得利润。

期现套利对于股指期货市场非常重要。一方面,正因为股指期货和股票市场之间可以套利,股指期货的价格才不会脱离股票指数的现货价格而出现离谱的价格。期现套利使股指价格更合理,更能反映股票市场的走势。另一方面,套利行为有助于股指期货市场流动性的提高。套利行为的存在不仅增加了股指期货市场的交易量,也增加了股票市场的交易量。市场流动性的提高,有利于投资者的正常交易和套期保值操作的顺利实施。

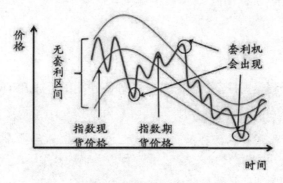

图 9-1　股指期限套利示意图

二、股指期现套利举例

假设 2020 年 9 月 1 日沪深 300 指数为 3500 点,而 10 月份到期的股指期货合约 IF2010 价格为 3600 点(被高估),那么套利者可以借款 108 万元(借款年利率为 6%),在买入沪深 300 指数对应的一篮子股票(假设股票指数对应的成分股在套利期间不分红)的同时,以 3600 点的价格开仓卖出 1 张该股指期货合约(合约乘数为 300 元/点)。当该股指期货合约到期时,假设沪深 300 指数为 3580 点,则该套利者在股票市场可获利 108 万×(3580/3500)-108 万元=2.47 万元,由于股指期货合约到期时是按交割结算价(交割结算价按现货指数依一定的规则得出)来结算的,其价格也近似于 3580 点,则卖空 1 张股指期货合约将获利(3600-3580)×300=6000 元。2 个月期的借款利息为 1.5×108 万元×6%/12=0.81 万元,这样该套利者通过期现套利交易可以获利 2.47+0.6-0.81=2.26 万元(见表 9-3)。

表9-3　投资者期现套利盈亏(不考虑手续费)

	沪深 300 指数	IF2010
9 月 1 日	3500	3600
10 月 16 日	3580	3580
盈亏	108 万×(3580/3500)−108 万=2.47 万元	(3600−3580)×300=6000 元
资金成本	1.5×108 万元×6%/12=0.81 万元	
总盈亏	2.47+0.6−0.81=2.26 万元	

三、股指期现套利需注意的问题

由于股指涉及的成分股较多，如沪深 300 指数，一次买入 300 只股票的可操作性比较差，而且 300 只股票里经常会有停牌的股票。因此，目前拟合股票指数现货的方法除了利用股票指数的成分股进行复制外，还有一个方法就是构建 ETF 基金组合。如上证 50ETF、深 100ETF、上证 180ETF 等。

 思政融入案例

银行主任套走客户 7000 多万元，炒股炒期货亏掉 3700 万元

中国裁判文书网显示，2013 年以来，1976 年出生的吴某在担任某银行的支行行长及营业部主任期间，为了偿还个人债务及支付利息，投资白银贵金属、股指期货交易、商品期货交易、证券股票交易，支付虚假理财到期本息和个人借贷本息等，利用职务上的便利，为客户办理虚假信托、虚假理财业务。

具体来看，吴某利用上述手法，吸收客户资金不入账的涉案金额达 7969.8 万元(包含案发前已兑付有凭证可认定的金额 609 万元和案发后已兑付金额 341.6 万元)，涉及客户84 名。

具体操作方式上，吴某用了以下方式:

(1) 向客户出具自制理财凭证或自制定期存单办理虚假理财业务，然后在客户不知情的情况下将客户资金转入自己控制的账户。自制理财凭证是吴某参照 2013 年、2014 年某银行出具的网银基金购买凭证模板制作的。出具给客户的凭证有加盖公章和未加盖公章两种，其中加盖公章的自制凭证系吴某在代班时事先在空白 A4 纸上相应位置加盖公章，之后用这些盖有公章的空白 A4 纸直接套打出来的。

(2) 向客户出具信托凭证为客户办理虚假信托。吴某利用某银行未将信托凭证纳入重要空白凭证管理的漏洞，使用空白信托凭证办理虚假信托，在客户不知情的情况下把客户资金转入自己控制的账户。

(3) 通过承诺为客户弥补基金亏损并按理财利率计付利息的办法，让客户将亏损基金赎回转入吴某控制的账户，并出具自制基金凭证给客户。

(4) 为客户办理真实理财并向客户出具真实凭证，后在客户不知情的情况下撤单，凭

证因撤单变为无效凭证，吴某再将客户资金转入自己控制的账户。

此外，吴某还挪用公款 400 多万元。2013 年以来，吴某利用职务上的便利，通过真实理财的客户，在其不知情的情况下或擅自(吴某掌握了该客户的密码)将真实理财赎回；为客户办理真实大额存单业务，并在当天对大额存单提前支取。吴某在理财赎回和存款提前支取后，转入其控制的账户，挪作他用。共挪用 6 名客户资金共计 453.15 万元。

中国裁判文书网显示，吴某的这些投资损失惨重。

首先是投资期货交易亏损合计 2792.75 万元，其中吴某使用本人和他人共 10 个账户进行期货交易累计亏损 2056.9 万元，通过配资账户投资期货交易又亏损了 735.85 万元。

在炒股上，吴某使用多个账户投资证券股票，亏损合计 163 万余元。此外，在江苏某贵金属现货电子交易市场有限公司炒白银、贵金属亏损 785.06 万元。

截至案发时，吴某未兑付的吸收和挪用客户资金为 7813.95 万元，向客户借贷金额为 1120 万元，合计 8933.95 万元。自 2019 年 7 月案发以来，该支行已代偿了涉案客户的实际损失，向本案吸收客户资金不入账及挪用公款中未兑付的涉案客户共计代偿 7424.74 万元。

2020 年 8 月，一审法院作出判决，认定吴某犯吸收客户资金不入账罪，判处有期徒刑八年，并处罚金 20 万元；犯挪用公款罪，判处有期徒刑六年。总和刑期十四年，并处罚金 20 万元，决定执行有期徒刑十三年，并处罚金 20 万元。

案例点评：案例中的吴某罔顾金融机构从业人员的职业道德，挪用客户资金炒作股票、期货等高风险投资品种，情节非常严重。此案例带给我们诸多启示：首先，银行等金融机构应该加强对员工尤其是管理人员的管理，完善公司治理；其次，金融从业人员应不断加强学习，牢固树立客户利益至上的职业操守；最后，国家应加大对类似行为的处罚力度，提高违法违规成本，完善投资者保护制度，维护投资者的利益。

 实验思考

1. 股指期现套利对资本市场有何意义？
2. 股指期现套利和股指期货套期保值有哪些区别？

第二部分

投资实训篇

实验十　证券投资技术分析概述

 **实验目的**

通过实验使学生进一步熟悉证券投资技术分析理论与实际操作的流程及界面操作。

 **实验要求**

(1) 2 位同学为一组，互相给出 4 个价格，根据所给价格，画出 K 线。
(2) 2 位同学为一组，给出不同的盘面术语，让对方解释此盘面术语的含义。
(3) 2 位同学为一组，一方任意选定一只证券，另一方要指出该证券所呈现的趋势。

 **实验内容**

根据教师的参数设置，要求学生以小组形式进行证券投资技术分析模拟实验，掌握证券投资分析相关理论与实操的程序和方法。

 **实验材料**

(1) 大智慧、同花顺、钱龙、通达信等金融数据库软件。
(2) 可登录相关财经网站、相关数据采集点的网络资源、各上市公司的官方网站。
(3) 学生端 PC 设备。
软件条件：国泰君安模拟交易所、同花顺模拟交易教学软件。

 **实验步骤**

一、技术分析的定义

基本分析和技术分析是证券投资最主要的两种分析方法。技术分析是根据证券过去和现在的市场行为(价、量、时、空)的记录，通过图表分析，应用数学、逻辑和心理学等工具，推演出价格未来的发展趋势的一种科学方法。

二、技术分析的基本假设

要正确理解技术分析方法，首先要了解技术分析的三大基本假设。

(一)市场行为涵盖一切信息

技术分析以价格为中心，以市场供求关系为基础。技术分析者认为，证券与普通商品一样，如果供过于求，则价格将下跌；反之，供不应求，则价格将上涨。投资者在做出交易决策前，早已仔细地考虑了影响证券供求的各项因素(包括国家政治、宏观经济政策和环境、所在行业的状况、目标公司的基本面等)，从而产生市场行为(价、量、时、空)。

(二)价格沿趋势运动

趋势的概念是技术分析的核心。技术分析者认为，价格按一定的规律运动，从而形成一定的趋势。如果没有外力的影响，价格将沿着既有的趋势一直持续下去，直至有外力出现为止。

(三)历史会重演

历史会重演，换句话说就是用过去已知的结果作为对未来进行预测的参考，即让历史告诉未来。这一假设是基于交易者的心理因素来考虑的。不管是过去还是现在，证券市场的游戏规则没有改变，还是"低买高卖"以获利。在这种心理状态下，人的交易行为将趋于一定的模式。

三、技术分析与基本分析之辩

基本分析侧重研究影响证券供求关系的各种内在因素，分析证券的内在价值和未来的成长性，擅长对买卖对象的捕捉(即选股)。选定目标后，何时出击(即择时)，则是技术分析擅长的。两者互为因果，如图 10-1 所示。

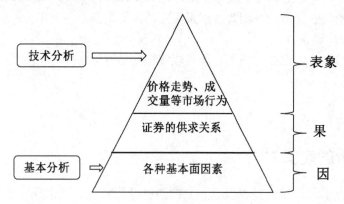

图 10-1　技术分析与基本分析的关系

在投资实践中，切忌片面单一地使用某种分析方法，甚至盲目崇拜和神化。须知没有完全可靠的分析方法，因为市场是不断变化的。我们应该综合运用两种分析方法，各取所长，不断实践，灵活运用，以提高操作的准确率。

四、技术分析的主要方法

随着证券市场的发展，形成了多种多样的技术分析方法，目前常用的方法包括 K 线法、切线法、形态法、指标法和波浪法等。

(一)K 线法

K 线又称日本线、阴阳线或蜡烛图，起源于两百多年前日本的米行，用于记录大米交易的价格。后来这种记录价格的方法传入华尔街证券市场，并流行于亚洲地区。一根 K 线记录了某日内证券的开盘价、收盘价、最高价和最低价四种信息，并使用柱状实体和上下影线来表示。K 线的操作技巧在实验十二中有详细介绍。

(二)切线法

切线法，是按照一定的方法和原则在价格图表中画出特定的切线，然后据此推测未来价格变动的方向。趋势是技术分析的核心，"顺势而为"是技术分析者们奉若神明的准则。

(三)形态法

形态，是证券价格运动过程中形成的自然而然的态势，如头肩顶(底)、W 顶(底)、菱形等。这些价格形态往往预示了市场人士对后市走势看涨或看跌的态度，在很早以前就已经被系统地分类并加以利用。

(四)指标法

技术分析指标，是应用一定的数学公式，对价格、成交量等原始数据进行处理，得出指标值，然后利用这些指标，从定量的角度对价格走势进行预测的方法。

(五)波浪法

波浪理论是艾略特在 1938 年提出的，他认为股价波动的规律类似于自然界的波浪起伏。根据艾略特的理论，股价的走势遵循五浪上涨、三浪下跌的节奏，并永远反复持续下去。只要数清了波浪数就能准确判断行情，尤其是预计行情的顶部和底部。

五、掌握影响技术分析的主要理论

(一)道氏理论

道氏理论是由资本市场技术分析的鼻祖——查尔斯·H. 道(Charles H. Dow，1851—1902)创立的。道氏理论是所有市场技术分析最基础、最重要的理论。

1. 道氏理论的主要内容

道氏理论的主要内容具体如下。

(1) 平均价格(股票指数)反映了一切。这一点其实是技术分析的三大假设之一。道氏理论认为，价格走势是市场上各种影响因素合力的结果，而股价指数则反映了无数投资者总体的市场行为。

(2) 市场存在三种趋势。股价以趋势波动，趋势可分为三种：主要趋势(基本趋势)、次要趋势(中期趋势)以及小型趋势(日间波动)。

主要趋势是长期向上或向下的大规模运动，持续时间通常为一年甚至更久，将导致总体股价上升或下跌 20%以上，是三种趋势中最具有参考价值的。主要趋势向上，称为牛市，反之，则为熊市。

次要趋势是价格沿主要趋势运行过程中的重要回调或盘整，正常情况下持续三周到数月的时间，调整幅度一般为前一段主要趋势幅度的 1/3、1/2 或 2/3。

小型趋势是短暂的价格波动。道氏理论认为其本身没有什么意义，其投资参考价值最低。通常小于 6 天，很少持续到三周。小型趋势是三种趋势中唯一能够被"操纵"的趋势。

(3) 对牛市的判定。牛市，是指股票指数长期上升的主要趋势，其间会伴随着向下修正的次级趋势，参见图 10-2。牛市可分为三个阶段：

① 怀疑阶段，有远见的投资者进场建仓，从沮丧、气馁的卖家手中买入股票，并随着卖盘的减少逐渐提高价格。公众投资者则彻底离场，市场成交量较为一般。

② 乐观阶段，随着价格稳健地上涨和成交量的不断放大，市场参与者逐渐乐观起来。此时商业景气状况好转，公司利润看涨。技术型投资者往往在这一阶段获利颇丰。

③ 狂热阶段，公众交易者纷纷涌入市场，成交量急剧增加，新股发行数量增加。此时，所有的财经报道都是利好消息，价格涨势惊人。

(4) 对熊市的判定。与牛市相反，熊市是股价指数大规模向下的主要趋势，其间将伴随着向上反弹的次级趋势，参见图 10-2。

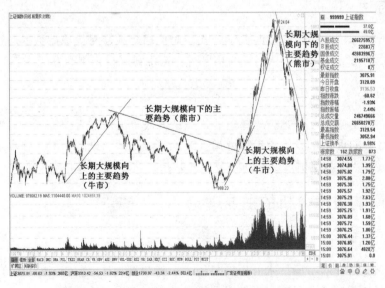

图 10-2 对牛市和熊市的判定

熊市也可分为三个阶段：

① 失望阶段，有远见的投资者套现离场，成交量仍然很高，但价格在反弹过程中趋于下跌，随着预期利润的逐渐消失，公众投资者开始表现出沮丧的情绪。

② 恐慌阶段，买入者越来越少，而卖出者越来越心切，令价格下跌的趋势突然加速成为近乎垂直的下跌，同时成交量达到最高。

③ 绝望阶段，公众投资者绝望地斩仓离场，市场充斥各种负面的财经报道，但是投资者对这些利空消息反应迟钝。价格向下的运动开始缓慢起来，质地良好的绩优股开始止跌企稳。

牛市的三个阶段和熊市的三个阶段的划分如图 10-3 所示。

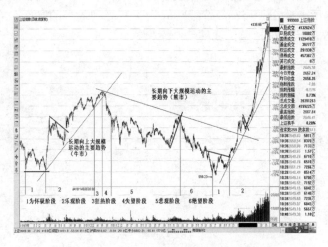

图 10-3　牛市的三个阶段和熊市的三个阶段

(5) 两个指数必须互相确认。在道氏理论中，指的是道琼斯工业指数和道琼斯铁道指数(后更名为运输指数)；中国 A 股则是指上证综合指数和深圳成分股指数。如图 10-4 所示，上图表示同一时期的上证综指，下图表示同一时期的深证成指。

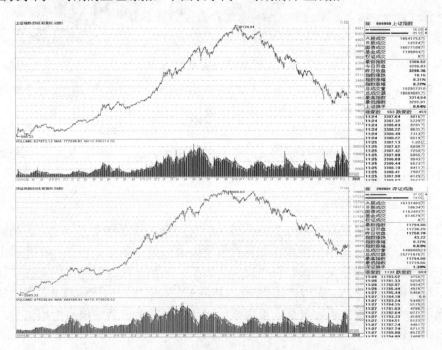

图 10-4　同一时期上证综指和深证成指的走势互相验证

这个原则意味着单一指数不能作为确认趋势改变的有效信号。相互确认原理可以提高投资者判断的正确性。

(6) 趋势需要有成交量的确认。这一点阐述了量价关系。简言之，在牛市中，价格上涨必须要有成交量同步放大的配合，而在次级趋势向下回调时，成交量应该同步萎缩；在熊市中，价格在下跌过程中，成交量增加，而在次级趋势价格回升时，成交量同步萎缩。

(7) 道氏线可以替代次级趋势。道氏线，又称道氏轨，指的是价格呈现横向线状窄幅调整，上下波动幅度一般小于 5%，持续时间为两三周到数月的时间，它表示买卖双方势均力敌。如图 10-5 所示，这是道氏线的一个案例。

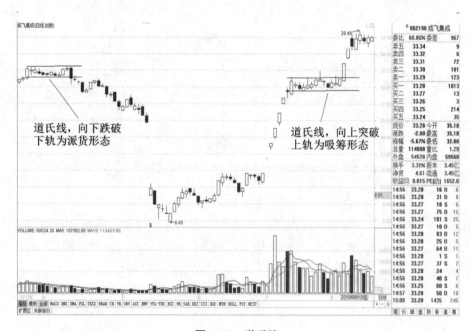

图 10-5　道氏线

(8) 只重收盘价。道氏理论认为，所有价格中收盘价最为重要。收盘价反映了一天中市场对该股票的最终评价，它也是投资者制订第二天交易计划的基础。

(9) 应该假设原有趋势继续起作用，直至出现了明确的反转信号。当一个主要趋势形成，价格会沿着原来的方向继续运动，除非有外力出现。这点告诫大家，一旦趋势形成，应该顺势而为，千万不要自作聪明过早地改变头寸方向。

2．对道氏理论的评价

首先，道氏理论是所有技术分析的鼻祖，所有的技术分析都是在该理论的基础上发展起来的。从这点来说，技术分析者应该完全接受并且好好理解它。但是，在实践中，它也备受诟病。比如，有人指责道氏理论"反应太迟"，它虽然比较可靠，但是往往让投资者错过了整轮行情的前 20%、后 20%的阶段，甚至更多。其次，由于依赖于投资者的个人理解，道氏理论可操作性太差。最后，道氏理论对于中等趋势的转变没有给出信号，因此不适合中短期投资者。

(二)理查德·沙贝克理论

该理论是作为对道氏理论进行补充的一个典型例子。理查德·沙贝克(Richard Schabacker，1902—1938)先生被尊为资本市场技术分析之父。他第一个将通用图表的形态分类，创立了著名的"持续与逆转"理论、"缺口"理论和"支撑与阻力"理论，将趋势线的使用定型，并充分强调了支撑位和阻力位的重要性。

1．持续与逆转理论

理查德·沙贝克先生认为，当市场的逆转形态一旦确立之后，它就会沿着既有的运动方向(趋势)持续运动，直至有外力改变这种惯性为止。而所谓的价格运动形态则是由逆转形态和持续(整理)形态所构成。如图 10-6 所示，图中的蓝色线条为逆转形态和持续整理形态的边界线或颈线。

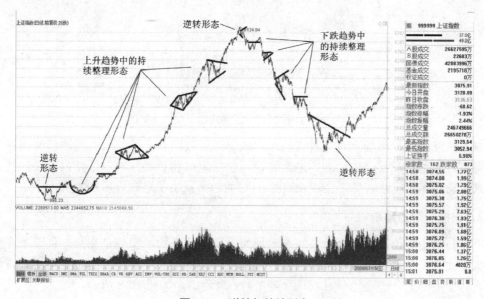

图 10-6　逆转与持续形态

2．缺口理论

缺口，指的是一段没有证券交易(换手)的价格区间。注意，这里的缺口不包括股票除权除息形成的跳跃空带，投资者在看图表进行技术分析时，应该使用复权(前复权或后复权)的价格。

缺口，可分为普通缺口、突破性缺口、持续性缺口和衰竭性缺口四种。

(1) 普通缺口一般出现在形态内部，没有特别的分析意义，一般无须费神研究。

(2) 突破性缺口，通常是在有效突破形态(逆转形态或持续整理形态)的边界线时出现的，在技术上，它表示对突破的强调，是一个非常强烈的买入或卖出的信号。

(3) 持续性缺口，也称逃逸型缺口，与形态无关，产生于迅速的、直线式的上涨或下跌过程中。在价格运动过程中，可能出现不止一个持续性缺口。

(4) 衰竭性缺口，与持续性缺口一样，产生于迅速的上涨或下跌过程中，是当上涨或下跌的能量快速释放，动能不济时，出现的最后一个缺口，而后趋势可能结束。总体而言，缺口出现得越多，表明趋势越快接近终结。四种缺口的形态如图10-7所示。

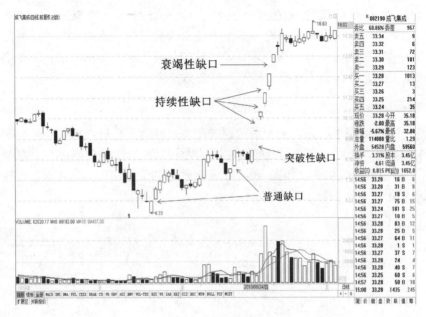

图 10-7　四种缺口

需要注意的是，市场上有一种说法："缺口必须被回补，并且只有当缺口被回补后趋势才可信。"这种说法是错误的。通常来说，普通缺口和衰竭性缺口短期内会被回补，但是突破性缺口和持续性缺口需要较长的时间(可能趋势发生了逆转以后)才能被回补。

3．支撑与阻力理论

支撑与阻力理论在技术分析中被普遍使用。所谓的支撑，指的是在某一位置上，买方力量大于卖方，使价格下跌的趋势受阻并可能反转，就形成支撑；相反，如果卖方力量大于买方，使价格上升的趋势受阻或是反转，则形成阻力，如图10-8所示。

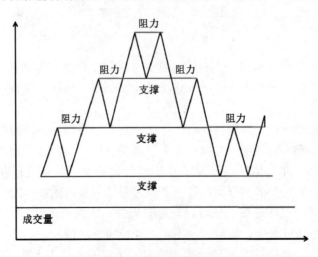

图 10-8　支撑与阻力示意图

支撑和阻力是相对的，一旦买卖双方力量发生改变，则支撑和阻力将会被突破。突破后，支撑和阻力将会相互转化。即，支撑水平被有效突破后，将会成为下一价格上升的阻力区间；而阻力区间被有效突破后，将会成为下一价格下跌的支撑区间。

支撑和阻力用某一价格水平或区间来表示，其强度取决于成交量、涨跌幅度和持续时间三个要素。成交量越大、涨跌幅度越宽、所经历的时间越长(被测试的次数越多)，则该区间的支撑和阻力强度越大，越难被突破。

(三)波浪理论

波浪理论是技术分析方法的重要组成部分。该理论是由艾略特(R. N. Elliot)结合了周期划分、道氏理论和斐波那契数列提出的，并由柯林斯总结完善，写成专著《波浪理论》。其实在道氏理论中，就已经用大自然的波浪来比喻价格波动。它把股价大规模上下涨跌的主要趋势比喻成潮汐，把修正调整的次级趋势比喻成海浪，而日间的小型波动则是涟漪。艾略特的主要贡献在于用周期来划分这些价格波动，找出波动发生的时间和位置的规律，提出了8浪结构图。

1. 价格的基本形态——8浪结构图

波浪理论认为，价格以波浪形式运动，每一个上升和下降过程构成一个周期，每一个周期都有固定的模式，即上升5浪、下跌3浪的8浪循环模式，而每一个小浪又可分为更小一级的细浪，如图10-9所示。

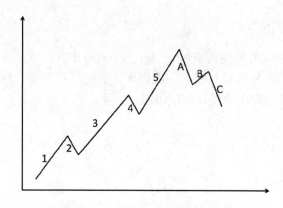

图 10-9　波浪结构的基本形态图

图10-9中，5个上升浪中，1、3、5浪为推动浪，2、4浪为调整浪；3个下降浪中，A、C为推动浪，B浪为回调浪，这是8浪循环的基本模式。如果是熊市，则是5个下降浪和3个上升浪。但由于世界各国的股指基本上都是不断上升的，因此大家都把牛市看成股市的主流(5个上升浪)，而把熊市当作是股市的调整(3个回调浪)。

由于波浪理论考虑的价格形态不受时间和空间的限制，因此必然浪中有浪，1、3、5推动浪又各自可以分为上升5浪，而2、4调整浪则可以细分为a、b、c浪；同理，在下降浪中，A、C推动浪可以进一步细分为下降5浪，B回调浪则可以细分为a、b、c浪，依此类推。波浪的细分与合并的情形如图10-10所示。

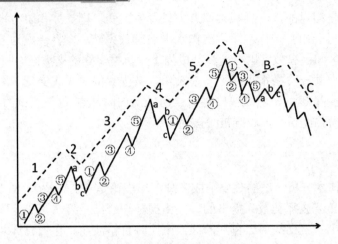

图 10-10　波浪的细分与合并

2．波浪理论的应用与评价

波浪理论在实践中常被应用于预测。如果你明确了股市现在所处的位置，根据波浪理论的一个大周期 8 浪循环的全过程，就可以对价格的接下来的运行进行预测。投资者发现，用波浪理论验证股市的顶部和底部出乎意料的准确，但这要基于对浪的精确定位。事实上，在实际应用中，波浪理论浪中套浪，可以无限延伸，每个人的理解不同，对浪的划分和定位也不一样，因此常常叫人无所适从。

(四)循环周期理论

循环周期理论以美国的韦恩斯坦(Stan Weinstein)为代表。循环周期理论认为证券价格的运动是有规律可循的，投资者只要利用股市周期的变化图顺势而为即可。该理论认为，股价的走势周期可以分为四个阶段，如图 10-11 所示。

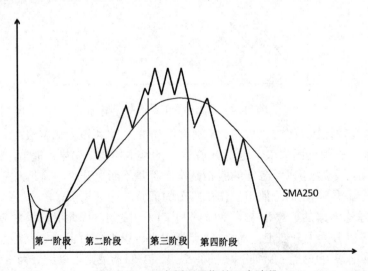

图 10-11　股市循环周期的四个阶段

第一阶段，优质股开始止跌企稳，就算出现利空消息也不会令股价大跌。

第二阶段，在成交量放大的配合下，绩优股表现突出，投资者应该在此时入市，并一直持有。

第三阶段，市场极度狂热，投机气氛浓厚，垃圾股也疯涨，这时应该提高警惕。

第四阶段，市场有效突破 250 天简单移动平均线(年线)，则应顺势沽空所有仓位，持币离场。

韦恩斯坦告诫投资者，要跟从股市周期变化图的指示去做，不要按照自己的主观意愿逆势操作。一定要顺势而为，在第二阶段早期做多为主，第四阶段早期沽空为主。永远不要试图抄底，宁可买贵一些，也绝不要在第一阶段过早地买货。另外，在交易中，要做好风险控制，设置好止损和止盈标准，并严格执行。

(五)随机漫步理论

随机漫步理论认为，证券价格的走势如分子运动一样，是随机无规律的。在某个特定的时间点，看价格下一步的走势，上涨和下跌的概率是均等的。因为证券价格是多种因素合力的结果，一件微不足道的事情也可能对价格走势产生影响。所以，从这个角度看，随机漫步理论是有一定的道理的。

随机漫步理论适合于解释证券价格的短期波动，但是在中长期来说，证券毕竟不是分子，其所代表的上市公司的资质有好坏的差别，经济的走势也是有规律可循的，所以价格的长期走势不能用随机漫步理论来解释。

实验思考

如何使用技术分析方法是最合理的？

实验十一 量价关系分析

实验目的

通过实验使学生进一步熟悉证券投资技术分析中的量价关系理论与实际操作的流程及界面操作。

实验要求

(1) 学生学号后两位与个股的排列序号相对应，选取专属股票，计算该股票的换手率。

(2) 在上一实验要求中的专属证券上，找出量价分析的具体例子，并形成量价分析投资报告。

实验内容

根据教师的参数设置，要求学生以小组形式进行证券投资技术分析中的量价关系分析，进行模拟实验，掌握证券投资技术分析相关理论与实操的程序和方法。

实验材料

(1) 大智慧、同花顺、钱龙、通达信等金融数据库软件。

(2) 可登录相关财经网站、相关数据采集点的网络资源、各上市公司的官方网站。

(3) 学生端 PC 设备。

软件条件：国泰君安模拟交易所、同花顺模拟交易教学软件。

实验步骤

一、技术分析四要素

前面我们说过，技术分析是抛开背后的影响因素，直接研究市场行为的科学方法。而市场行为的表现就是证券价格、成交量、时间和空间这四个要素，正确分析并理解它们之间的关系是技术分析的基础。

价格，指成交价，在实际应用中，主要指收盘价。价格是四要素之首，是最重要的指标。

成交量，指某一时段内具体的交易股数，是股价上涨或下跌的原动力，尤其上涨一定要有成交量的推动。成交量也可以用换手率来衡量。换手率，指单位时间内，某一证券累

计成交量与可交易量之间的比率。用公式表示为

$$换手率=\frac{某一段时期内的成交量}{流通股股数}\times100\%$$

时间，指完成某个过程所经历的时间长短。时间更多的与循环理论相联系，研究价格起伏的内在规律和周期变化的特征。此外，时间因素在分析价格上涨和下跌的幅度时，也是需要加以考虑的重要方面。如行话有云：横有多长，竖有多宽，指的是股市在底部建仓时，盘亘时间越长，底部形态的规模越大，未来上涨时的高度将越高；反之，时间短、波动幅度越小的过程对后续价格趋势的影响和预测意义也将越弱。

空间，指价格升价所能达到的幅度。某种程度上，是价格的一方面，由价格累积而成。

在这四个要素的关系中，又以量价关系最为重要。量价关系是一切技术分析的核心，也是技术分析逻辑合理性的基础。

二、掌握量价关系理论

量价关系结合趋势理论，可以归纳为葛兰碧八大法则。

第一，价升量增。上涨趋势中，价格随着成交量的增加而上涨，表示涨势健康，价格将继续向上，这是市场的常态，如图 11-1 所示。

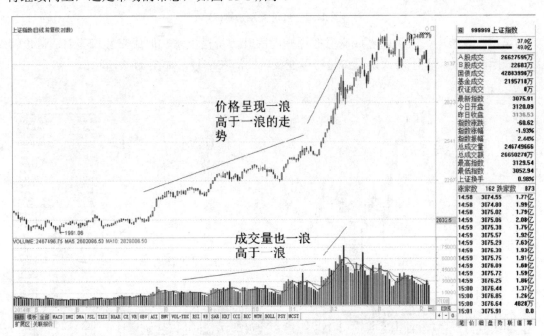

图 11-1   量价关系法则(1)

第二，价格呈现波浪式上涨，股价随增大的成交量上涨，突破前一个波峰创出新高，继续上涨；然而新高之后的下一轮上涨的累积成交量低于前一轮上涨的成交量水平，则表示上涨动能不济，新一轮涨势令人怀疑，是股价趋势潜在反转的信号，如图 11-2 所示。

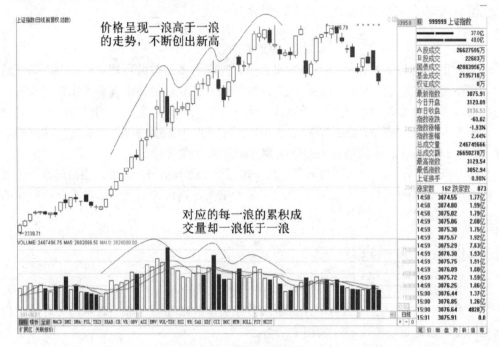

图 11-2　量价关系法则(2)

第三，调整中，股价随着成交量的递减而回升，价格上涨，但成交量却萎缩，量价背离，表示回升的动能不济，是股价趋势可能反转的潜在信号，如图 11-3 所示。

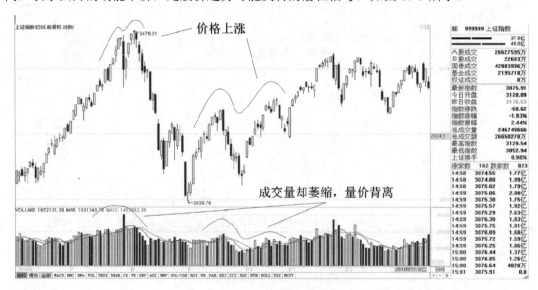

图 11-3　量价关系法则(3)

第四，有时股价随着缓慢递增的成交量逐渐上涨，突然出现价格急剧拉升、成交量暴涨的垂直上升阶段。继此轮走势之后，成交量大幅萎缩，同时股价急剧下跌，表示涨势已到强弩之末，趋势即将反转，反转所具有的意义将视前一轮上涨的幅度和成交量而定，如图 11-4 所示。

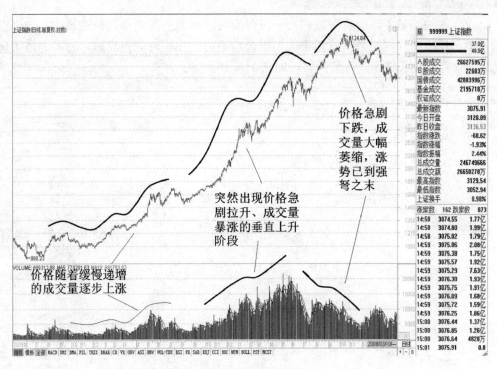

图 11-4　量价关系法则(4)

第五，股价下跌，向下跌破上升趋势线、形态下边界线或移动平均线，同时出现大量成交，是股价下跌的信号，趋势即将由多转空，如图 11-5 所示。

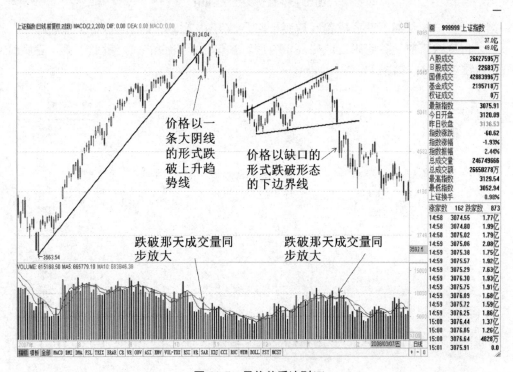

图 11-5　量价关系法则(5)

第六，下跌趋势中，股价下跌相当一段时间后，出现恐慌卖盘，价跌量增，继恐慌卖出后可能出现反弹，同时恐慌阶段形成的低价将不可能在短时间内突破。随着恐慌大量卖出之后，往往是空头结束，行情反转，如图11-6所示。

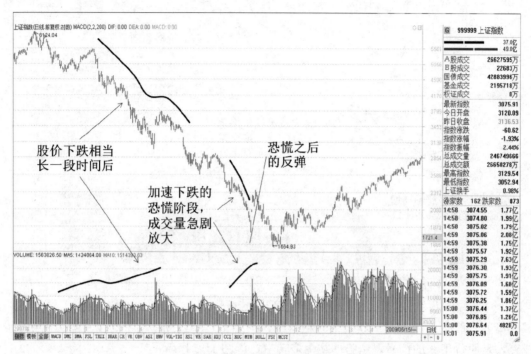

图11-6　量价关系法则(6)

第七，在一轮长期下跌形成谷底后股价回升，但成交量并没有随价格上涨而递增，动能不济，再度跌落前一谷底附近或略高于谷底。当第二个谷底的成交量低于第一谷底时，是股价上涨的信号，如图11-7所示。

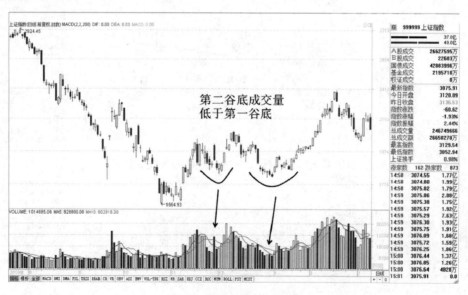

图11-7　量价关系法则(7)

第八，当市场行情持续上涨很久，出现急剧增加的成交量，而股价上涨乏力，在高位大幅震荡，说明多空双方换手频繁，空方开始占优势，股价下跌的因素形成。同理，股价最终连续下跌之后，在低位出现大量成交，股价却没有进一步下跌，价格仅小幅波动，表示多方开始渐渐占据上风，如图 11-8 所示。

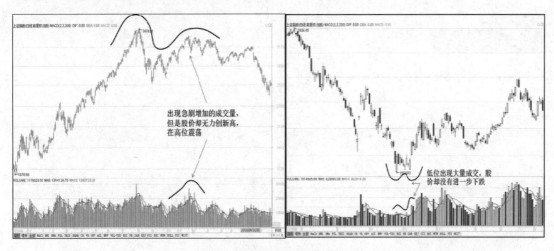

图 11-8　量价关系法则(8)

以上的八大法则是比较常见的价格和成交量的关系表述，从中可以看出成交量是价格的确认。总体来说，上涨趋势中应该价升量增，回调时缩量，同理下跌趋势中价跌量增，反弹时缩量，成交量是股价的推动力。一般而言，成交量是价格的先行者，但需要注意的是，这些法则在中国的 A 股市场却不尽然。例如第一条法则，在 A 股中我们可以看到部分庄家高度控盘的股票，缩量上涨，且涨势凌厉，如图 11-9 所示。

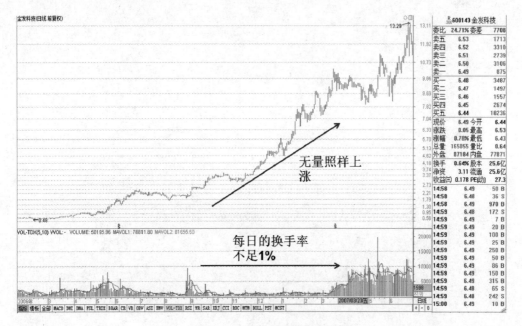

图 11-9　量价关系的反例

同时庄家可以通过倒仓制造高额的成交量，所以说小量的成交量是真实的，但是大量的成交量却有可能是假的。依据观察，总体来说，A 股市场中，上涨需要成交量同步放大的配合，而下跌则未必。当然，随着资本市场制度建设的不断完善和监管的不断加强，相信中国股市将会越来越成熟。

实验思考

如何利用量价分析理论防止主力骗线？

实验十二　K 线 分 析

实验目的

通过实验使学生进一步熟悉证券投资技术分析的 K 线理论与实际操作的流程及界面操作。

实验要求

(1) 2 位同学为一组，互相给出 4 个价格，根据所给价格，画出 K 线。

(2) 学生学号后两位与个股或债券或期货期权合约序号相对应，选出专属证券，按照教师的指令，找出对应的 K 线或 K 线组合。

(3) 根据多个 K 线，画出 K 线对应的分时图。

(4) 根据找到的 K 线或 K 线组合，对专属证券的未来走势做出初步判断。

实验内容

根据教师的参数设置，要求学生以小组形式进行证券投资技术分析——K 线分析模拟实验，掌握证券投资技术分析 K 线相关理论与实操的程序和方法。

实验材料

(1) 大智慧、同花顺、钱龙、通达信等金融数据库软件；

(2) 可登录相关财经网站、相关数据采集点的网络资源、各上市公司的官方网站；

(3) 学生端 PC 设备。

软件条件：国泰君安模拟交易所、同花顺模拟交易教学软件。

实验步骤

一、认识K线

K 线是一种能准确有效地记录证券过去和现在市场行为的工具，简洁而直观，虽不具备严格的逻辑推理性，但是却有相当可信的统计意义。

(一)K 线画法

前述 K 线用矩形柱状实体和上下影线表示，记录开盘价、收盘价、最高价和最低价四个价格。当收盘价高于开盘价时，K线为阳线；当收盘价低于开盘价时，K线为阴线。

对于阳线，市场价格在开盘后曾向下跌过一段时间，直到最低价处，后来曾经涨到了最高价处，然后又返回到收盘价附近，形成一根上涨的阳线。阴线中，市场价格在开盘后曾一度涨到了最高价处，然后一直跌到了最低价处，最后稍微上升到收盘价附近，形成一根下跌的阴线。

(二)K线种类

1．光头光脚的K线

这种K线没有上下影线。对于阳线而言，开盘价即是最低价，收盘价即为最高价；对于阴线而言，开盘价即为最高价，收盘价即为最低价，如图12-1所示。

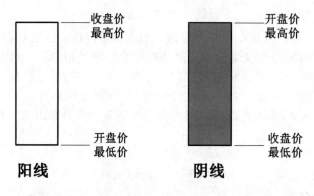

图12-1　光头光脚的K线

2．带上影线的K线

这种K线没有下影线。对于光脚阳线而言，开盘价即为最低价，价格上涨过程中曾创出新高，而后下跌收于一个比较高的价格；对于光脚阴线而言，以较高的价格开盘，盘中曾创出新高，但是后续价格回跌至开盘价之下，以最低的价格收盘，如图12-2所示。

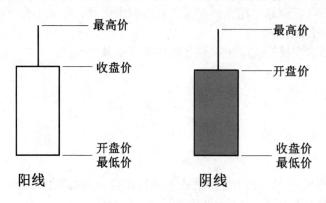

图12-2　带上影线的K线

3．带下影线的K线

这种K线没有上影线。对于光头阳线而言，以最高价收盘，盘中曾创出比开盘价还低的最低价；对于光头阴线而言，以最高价开盘，价格下行创出最低价，后略有回升收盘，如图 12-3 所示。

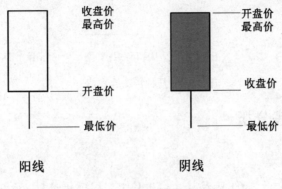

图 12-3　带下影线的 K 线

4．带上下影线的 K 线

这种带上下影线的 K 线最常见，如图 12-4 所示。

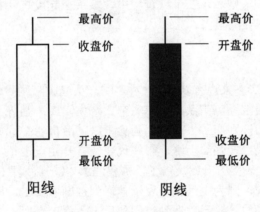

图 12-4　带上下影线的 K 线

5．十字星

十字星这种 K 线表示收盘价与开盘价一样，但是盘中曾创出新高新低，如图 12-5(a) 所示。

6．T 型和倒 T 型

T 型 K 线表示最高价、收盘价和开盘价是同一个价格，盘中曾创出最低价；倒 T 型 K 线则表示最低价、收盘价和开盘价是同一个价格，盘中曾创出最高价，如图 12-5(b)(c) 所示。

7．一字型

这种一字型 K 线表示最高价、最低价、收盘价和开盘价都相等，常见于一开盘就涨停或者一开盘就跌停的极端走势中，如图 12-5(d)所示。

(a) 十字星　　　(b) T 型　　　(c) 倒 T 型　　　(d) 一字型

图 12-5　几种特殊的 K 线

二、了解单根 K 线分析

(一)分析要领

K 线实体。一般而言，对于阳线，实体越长表示多方优势越大，对于阴线，实体越长表示空方优势越大。

上影线：总体来说，上影线越长，则表示价格上涨过程中，被空方打压，多方失势，空方能量越强，是股价上升的阻力。

下影线：下影线越长，则表示在下跌过程中，多头奋起反抗，收复失地，影线越长，多方能量越强，是价格下跌的阻力。

(二)具体形态

从单根 K 线的具体形态来说有以下 11 种。①光头光脚阳线：极端强势上涨，后市看多。②光头光脚阴线：极端强势下跌，后市看空。③大阳线：强势上涨，后市看多，如果影线较短，则和①没什么区别。④大阴线：强势下跌，后市看空，如果影线较短，则和②没什么区别。⑤光头阳线：较强势上涨，影线代表空方开始反击了，需要注意。⑥光头阴线：较强势下跌，影线代表多方开始反击了，需要注意。⑤⑥两种 K 线如果出现在连续上涨的顶部，并且影线较长，则为上吊线，表示曾遇到过剧烈反击，后市有变；如果出现在连续下跌的底部，为锤子线，表示曾遇到过剧烈反击，后市有变。⑦光脚阳线：较强势上涨，影线代表遇到空方反击了，需要注意。⑧光脚阴线：较强势下跌，影线代表遇到多方反击了，需要注意。⑦⑧两种 K 线如果影线较长，出现在连续上涨的顶部，为流星线，相比过去，上涨受阻，后市有变；出现在连续下跌的底部，为倒锤子线，表示曾经大涨，后市有变。⑨小阴、小阳、十字星：一般不能确定后市，但在连续上涨后出现，说明涨势停顿，后市有变；在连续下跌后出现，说明跌势停顿，后市有变；如果是长的十字星，则疲软的性质和僵持的意义更强烈。⑩T 字型：出现在连续上涨的顶部，为风筝线，相比过去，曾遇到过剧烈反击，后市有变；出现在连续下跌的底部，为多胜线，相比过去，曾遇到过剧烈反击，后市有变。⑪倒 T 型：出现在连续上涨的顶部，为灵位线，相比过去，摸高受阻，后市有变；出现在连续下跌的底部，为空胜线，相比过去，曾遇到过剧烈反击，后市有变。⑨至⑪都是星形态，说明多、空双方僵持不下，失去了方向感，但在连续涨、跌势的末端，则往往意味着情况不妙了。

一般而言，价格短期的走势具有比较大的随机性，而且也是比较容易受操控的，从这个角度来说，单根 K 线分析并不具备太大的意义。

三、了解 K 线组合分析

K 线组合指的是由两根或两根以上的 K 线组成的。在实战中，K 线组合可以有成千上万种形态，这里只列举几种最典型的反转形态和持续组合形态。

(一)典型的反转形态

1. 黎明之星和黄昏之星

黎明之星是最典型的底部形态，而黄昏之星是最典型的顶部形态，如图 12-6 所示。对于黎明之星，第一根阴线表明趋势下降，第二天价格向下跳空低开，收盘价与开盘价基本持平，表明了后市的不确定性，第三天价格跳空高开，收盘更高，显示趋势反转已然发生。黄昏之星与之对称，不再赘述。

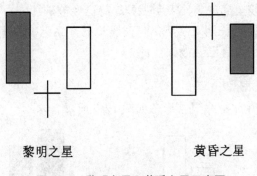

黎明之星　　　　　　　　黄昏之星

图 12-6　黎明之星和黄昏之星示意图

2. 锤头和吊颈

锤头和吊颈的 K 线组合形状如图 12-7 所示。

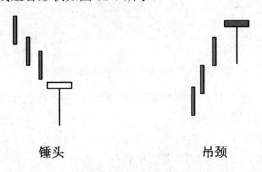

锤头　　　　　　　　吊颈

图 12-7　锤头和吊颈示意图

锤头，市场前期已经处于下跌趋势中，市场跳空低开，疯狂卖出，但是经过多头的反攻又回到或接近当天的最高点，预示下跌趋势即将结束。

吊颈，市场前期处于上升趋势中，这天股价跳空高开，出现疯狂卖出，虽然后市被多头收复失地，但是产生了长长的下影线，这根下影线预示了后市的下跌。

3. 穿头破脚

穿头破脚的 K 线组合形态如图 12-8 所示。

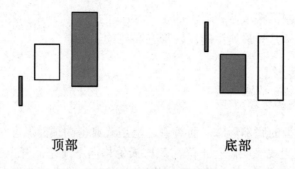

顶部   底部

图 12-8　穿头破脚示意图

穿头破脚的顶部形态，当价格经过较长时间的上涨后，当天股价高开低走，收出的一根长阴线将前一日的阳线全部覆盖，表明上升趋势已经被破坏。

底部形态则相反，经过长期下跌后，当天股价低开高走，收出一根长阳线将前一日的阴线全部覆盖，表明下跌趋势已经被破坏。

4. 三白武士与三飞乌鸦

三白武士与三飞乌鸦的 K 线组合形态如图 12-9 所示。

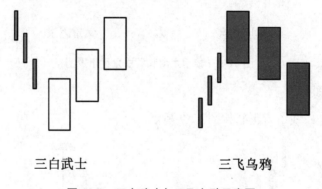

三白武士   三飞乌鸦

图 12-9　三白武士与三飞乌鸦示意图

三白武士发生在下降趋势中，是强烈的底部反转信号。连续三天，价格都呈现低开高走，并且都创出新高，预示后市将看涨。

三飞乌鸦则相反，发生在上升趋势中，连续三天，价格都高开低走，并且连续创出新低，表明市场可能接近顶部，是强烈的顶部反转信号。

(二)典型的持续组合形态

1. 上升三部曲和下降三部曲

如图 12-10 所示，这两种都是典型的持续形态，回顾前面道氏理论，其实这两种都属于道氏线，只不过持续时间比较短而已。

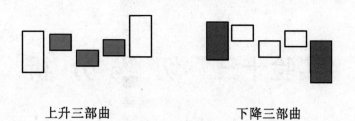

上升三部曲　　　　　　　　　　下降三部曲

图 12-10　上升三部曲和下降三部曲示意图

上升三部曲，一根长阳线后面跟着三根小阴线，再接着一根大阳线向上突破，是典型的洗盘形态。下降三部曲相反，是派货形态。

2. 两阳夹一阴和两阴夹一阳

两阳夹一阴和两阴夹一阳的 K 线组合形态如图 12-11 所示。

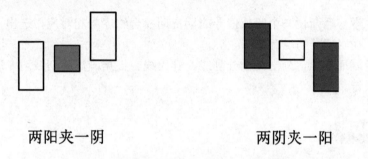

两阳夹一阴　　　　　　　　　　两阴夹一阳

图 12-11　两阳夹一阴和两阴夹一阳示意图

两阳夹一阴是上涨途中的持续形态，中间的阴线属于空头的抵抗，但是由于买方势众，最终股价顽强上涨。

两阴夹一阳则相反，是下跌途中的持续形态，中间的阳线属于多头的抵抗，但是最终寡不敌众，股价继续下跌。

四、应用中应注意的问题

不管是单根 K 线还是 K 线的两根、三根乃至多根形态，需要注意的是，这些组合形态都是属于短期的价格走势，相对来说，其走势不确定性较大，而且未必会如理论所言般发展。在不完善的市场，庄家完全能够自如地操控短期价格的走势，因此，短期 K 线组合分析对后市的走势的预测和分析意义不大。

实验思考

如何利用 K 线分析理论防止主力骗线？

实验十三　切　线　分　析

实验目的

通过实验使学生进一步熟悉证券投资技术分析的切线理论与实际操作的流程及界面操作。

实验要求

(1) 学生学号后两位与个股或债券或期货期权合约序号相对应，选出专属证券，按照教师的指令，找出证券的现有趋势。

(2) 在专属证券中，画出黄金分割线、甘氏线。根据画出的切线对专属证券做未来价格变动预测报告。

实验内容

根据教师的参数设置，要求学生以小组形式进行证券投资技术分析——切线分析模拟实验，掌握证券投资技术分析切线相关理论与实操的程序和方法。

实验材料

(1) 大智慧、同花顺、钱龙、通达信等金融数据库软件。

(2) 可登录相关财经网站、相关数据采集点的网络资源、各上市公司的官方网站。

(3) 学生端 PC 设备。

软件条件：国泰君安模拟交易所、同花顺模拟交易教学软件。

实验步骤

一、趋势分析

(一)趋势的方向

1. 上升趋势和上升趋势线

上升趋势是由于利好因素的引发，导致市场上买气十足，令价格呈现一浪高于一浪的走势，且后一浪的波峰与波谷均高于前一浪的波峰与波谷，反映出交易者极其看好后市，如图 13-1 所示。

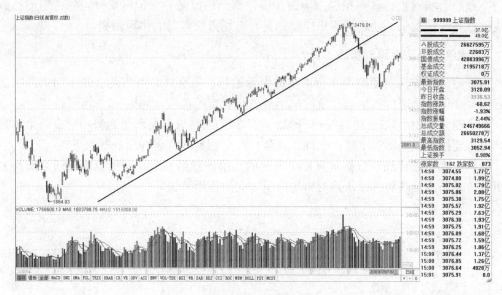

图 13-1　上升趋势

上升趋势线是将呈现上升趋势中至少两个明显的回调低点连接而成的一条直线。上升趋势线对价格具有指引方向的作用，直至后市某一天价格由于外力作用而有效跌破上升趋势线，表示上升趋势即将发生逆转，其对市场指引方向的作用消失。

2. 下跌趋势和下跌趋势线

下跌趋势是由于利空因素的影响，使交易者信心丧失，趁价格每次反弹时卖出，从而形成反弹的高点一浪低于一浪、每次下跌的低点一个低于一个的走势，反映出交易者极其看淡后市，如图 13-2 所示。

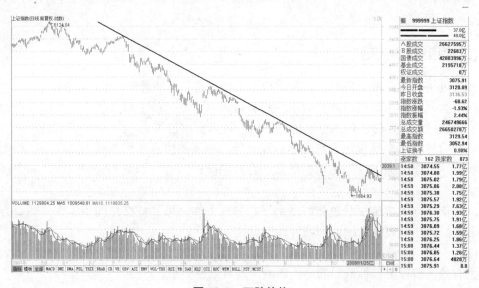

图 13-2　下跌趋势

下跌趋势线是将呈现下跌趋势中至少两个明显的反弹的高点连接而成的一条直线。同样，下跌趋势线对价格具有指引方向的作用，直至后市某一天价格受外力的作用而有效升破下跌趋势线，表示下跌趋势即将逆转，其对市场指引方向的作用消失。

3. 水平趋势和水平趋势线

水平趋势也称横向运动，期货市场称为无趋势。当交易者对市场前景不明朗，就会顿失方向，令价格呈现横向运动，反映出交易者对后市的迷茫，如图13-3所示。

水平趋势线由上轨(上边界线)和下轨(下边界线)所构成。将水平趋势中至少两个明显的反弹高点连接而成，即得上轨；同理，将至少两个明显低点连接而成即得下轨。

同样，水平趋势线对价格具有指引方向的作用，直至后市某一天价格有效突破其上轨或下轨，表明水平趋势终结，其对市场指引方向的作用消失。

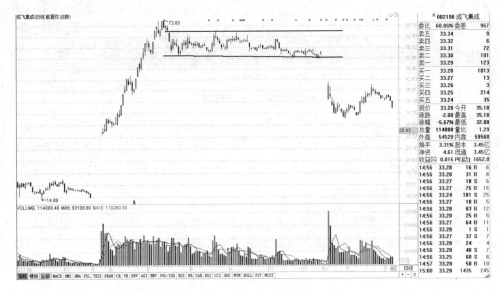

图 13-3　水平趋势

(二)趋势线的突破

如果价格有效突破趋势线，则表示趋势已被扭转，可能是一个买卖时机。

简而言之，如果价格有效升破下跌趋势线或水平趋势线上轨，视为买入信号；相反，价格有效跌破上升趋势线或水平趋势线下轨，视为卖出信号。

但有时候价格会呈现短暂突破趋势线走势，但又很快重新回到线上或线下，继续原来的趋势，这就是"假突破"。假突破属于走势陷阱的一种，为避开这种陷阱，需要注意以下几点：

(1) 价格向上突破下跌趋势线或水平趋势线上轨，需要成交量同步放大的配合方为有效，若是同时出现突破性缺口，则有效性最佳。

(2) 价格向下跌破上升趋势线或水平趋势线下轨时，一般不需要成交量同步放大的配合即为有效，若以突破性缺口的形式跌破，则有效性更强。

(3) 突破后一般会有"后抽"出现。

(4) 一般来说，收盘价超过趋势线突破点价格的 3%(价格过滤器)，且连续企稳在突破点上(下)方 2～3 日(时间过滤器)，即视为有效突破。

(5) 尽管想方设法防范"假突破"，但失误还是在所难免，这是市场运行的客观规律。因此必须要做好风险防控，即下单后一定要设好止损点。

【案例 13-1】如图 13-4 所示，股票成飞集成在图中箭头所示的那天以一根大阴线和缺口的形式跌破了加速的上升趋势线，表明上升趋势结束，此时应该卖出股票。另外，也可以结合其他的指标，如量价关系等来印证该决策，提高准确性。

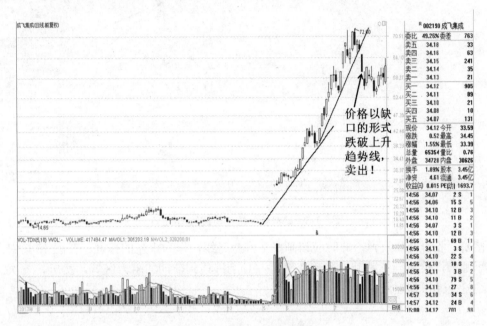

图 13-4 趋势线的突破案例

(三)趋势线的修正与调校

价格走势瞬息万变，有时由于股价的变动，会发现原来的趋势线已经远远偏离价格，所以必须及时修正以配合市场走势。有经验的技术分析者会随着价格的走势不断调校趋势线使之紧贴价格的走势。

趋势线的调校可以结合股价走势和江恩的几何角度线的理论。通常来说，当趋势线与水平线的夹角小于 15°或者大于 60°时，其有效性减弱，价格走势可能发生变化；当趋势线与水平线的夹角约为 30°～45°时，其有效性最佳。

【案例 13-2】如图 13-5 所示，股票金发科技 2007 年 8 月份从最高点下跌后，形成下跌趋势，在价格下跌的途中，需要不断修正趋势线。图中，最缓和的一条趋势线与水平的角度大约为 30°，其有效性最佳，价格运行在该线之下为最稳定的状态。接着，可以看到经过长期下跌，将进入恐慌时期，股价开始呈现越来越陡的走势，此时也应该调整趋势线，最后最陡的一条趋势线的角度大约为 60°，此时，价格呈现极不稳定的状态，趋势随时可能被反转，是投资者应该注意的时候。

看该股票后续的走势，图 13-5 中箭头所指的那天，股价带量向上突破加速的下跌趋势线，结合前面的阻力位分析，我们发现该股票现在的价位离第一阻力位至少还有 30%的空间，值得狙击，可以适量买入，并设好止损点。

图 13-5　趋势线的修正与调校案例(1)

接着，股价开始反弹，此时应该画好上升趋势线，作为止盈的标准。在图 13-6 中，箭头所示那天，价格向下跌破上升趋势线，并且刚好顶到前期的阻力区域，卖出！一次短期的超跌抢反弹操作完成。

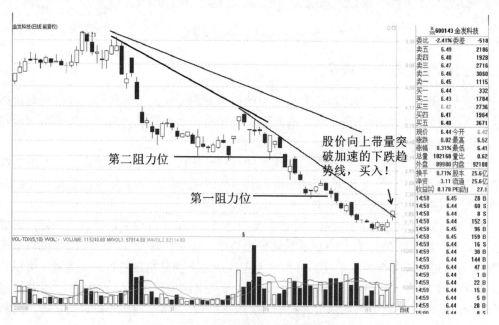

图 13-6　趋势线的修正与调校案例(2)

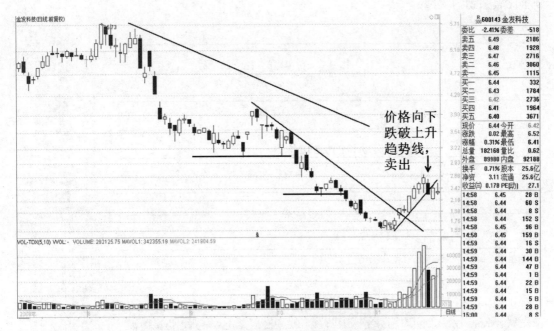

图 13-6　趋势线的修正与调校案例(2)(续)

(四)轨道线

轨道线又称通道线或信道线，是基于趋势线的一种分析方法。在画出趋势线后，通过上升趋势的第一个峰或下跌趋势的第一个谷即可画出趋势线的平行线，平行线和趋势线就构成趋势轨道。

二、黄金分割线和百分比线

黄金分割线和百分比线是两种比较重要的判断行情调整位置的方法。

(一)黄金分割线

依据黄金分割率原理计算得出点位，这些点位在价格上升和下降过程中表现出较强的支撑和阻力。其中，0.618、1.618 和 4.236 三个数字最为重要，股价极有可能在由这三个数产生的黄金分割线处得到支撑或阻力而进行次级调整。

实际操作中，只要找到一个点(通常为上升行情的结束点或下降行情的结束点)，然后画出黄金分割线，这些线用来揭示上升行情中次级调整趋势的支撑位或者下跌行情中反弹的压力位。用法比较简单。

【案例 13-3】如图 13-7 所示，股票成飞集成从启动点开始向上寻找可能的压力点。使用行情系统自带的画线工具，选择"黄金分割线"工具，画出图线。在图 13-7 中，我们可以看到，从启动点价位开始的 0.618 的位置，即图中用上下两箭头标示出的价位水平，我们看到股价在上涨途中，在该价位附近遇阻回撤，而价格在下跌途中，在该价位附近遇到了比较强劲的支撑。

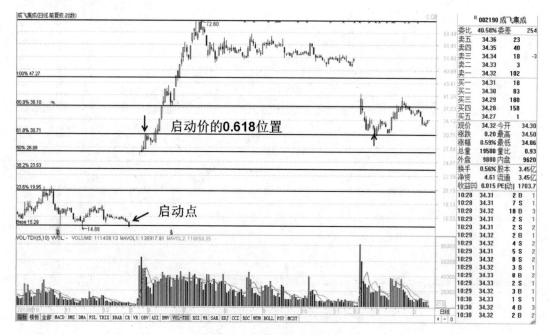

图 13-7　黄金分割线应用案例

(二)百分比线

百分比线考虑的是投资者的心理因素和一些整数位的分界点。当价格上涨到一定幅度一定会承压回调，回调的位置是投资者比较关心的。百分比线和黄金分割线一样，都提供了可能的回调价位。技术分析中，最常用的百分比线包括 1/3、1/2、2/3 等。

实际操作中，计算方法为上涨开始的最低点和开始向下回调的最高点之差，乘以百分比数就得出未来可能支撑位的位置。下跌行情依此类推。

另外，百分比线还有另一层含义，假如股价回调到 1/8 或 1/4 的地方即开始回升，则表明股票属于强势调整；如果股价回调到了 1/2，则表示跌幅较深，投资者应该警惕；若回调的深度达到 2/3，则表明趋势极有可能将发生逆转。

【案例 13-4】如图 13-8 所示，股票成飞集成，自创出最高价 72.6 元的价格水平开始下跌，如果想知道下跌途中可能的支撑价位，用百分比线来分析。单击系统自带的"画线工具"中的"百分比线"，选定最高点 72.60，最低点约 15.2 的水平，画出百分比线。分析图中，1/4 水平价位附近是比较强的支撑，股价在此水平带横盘了许久后向下跌破；寻找下一个可能支持带为 1/2 价位水平，在此价位附近，股价获得支撑向上反弹。

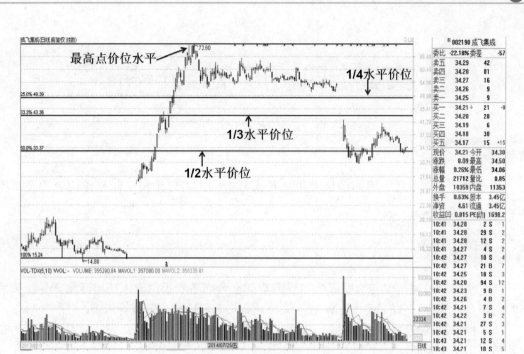

图 13-8 百分比线应用案例

实验思考

如何利用切线分析理论防止主力骗线？

实验十四　形 态 分 析

实验目的

通过实验使学生进一步熟悉证券投资技术分析的形态理论与实际操作的流程及界面操作。

实验要求

(1) 学生学号后两位与个股或债券或期货期权合约序号相对应，选出专属证券，按照教师的指令，找出对应的 M 头、W 底、头肩顶底形态、U 型、V 型等形态。

(2) 根据找到的 M 头、W 底、头肩顶底形态、U 型、V 型等形态，对专属证券的未来走势做出初步判断。

实验内容

根据教师的参数设置，要求学生以小组形式进行证券投资技术之形态分析模拟实验，掌握证券投资技术之形态分析相关理论与实操的程序和方法。

实验材料

(1) 大智慧、同花顺、钱龙、通达信等金融数据库软件；

(2) 可登录相关财经网站、相关数据采集点的网络资源、各上市公司的官方网站；

(3) 学生端 PC 设备。

软件条件：国泰君安模拟交易所、同花顺模拟交易教学软件。

实验步骤

一、理解形态分析的内涵

形态是价格走势运行中形成的一种自然而然的态势。形态分析是技术分析的重要组成部分，它通过对市场次级调整(横向运动)时形成的各种图表形态进行分析，并配合成交量的变化，推断价格未来的运动方向。实际上，整理形态表示多空双方力量胶着，二者势均力敌，暂时处于平衡状态，当其中一方占上风时，这种平衡状态将被打破，价格将有效突破形态，呈现上涨或下跌的走势。形态分为两类——逆转形态和持续整理形态。

二、掌握逆转形态分析方法

逆转形态，又称反转形态，顾名思义，当价格有效突破形态后，原来的价格趋势将发生逆转。具体来说，如果逆转形态出现在相对高位，则为顶部形态；如果逆转形态出现在相对低位，则为底部形态。不论是顶部形态还是底部形态，价格必须有效突破形态的颈线或边界线，形态才最终完成。典型的逆转形态有以下几种。

(一)头肩顶及其衍生变种

头肩顶是最常见的逆转形态，出现在顶部，则为头肩顶，其发出卖出信号的可靠性较高，对后市也颇具有预测功能。

1. 头肩顶

如图 14-1 所示，头肩顶由一个头和左右肩构成，左肩和头部形成阶段，价格呈现上涨趋势，一浪高于一浪。但是当右肩形成时，多头动能不济，价格没能创新高，右肩低于头部，通常而言右肩的交易量会有明显下降，趋势开始转化为横向整理。头两侧回调的低点的连线称为颈线，颈线为关键的支撑位置，但是一旦颈线被向下突破，则该支撑就转换成重要的阻力位置，随后出现的反扑高度也常常仅限于此。之后，一浪低于一浪的下跌趋势开始，标准的头肩顶出现。

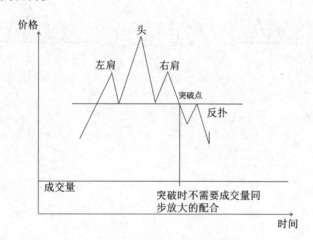

图 14-1　头肩顶形态示意图

从操作的角度看，价格向下有效跌破头肩顶的颈线时是一个做空时机。需要注意的是，价格向下跌破颈线不需要成交量放大的配合即为有效。

图 14-2 所示为一个头肩顶形态的案例，图中的蓝色线条为颈线。在日常学习中，大家要勤加练习，利用股票行情软件，分析股票的形态，并画出其颈线或边界线，通过大量练习，熟能生巧，达到学以致用的目的。

2. 复合式头肩顶

如图 14-3 所示，复合式头肩顶形态规模比较大，由一个以上的左肩或头或右肩构成，其对于操作的指导意义如同头肩顶。

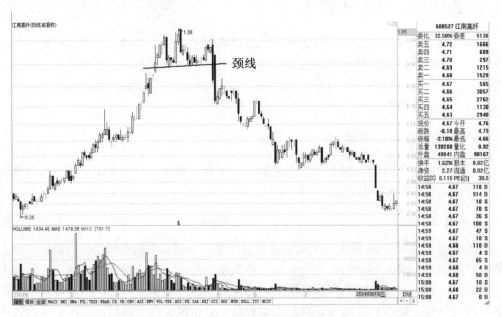

图 14-2　头肩顶形态实例

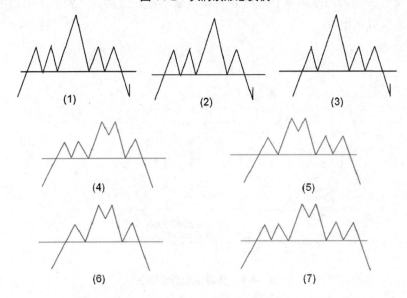

图 14-3　复合式头肩顶形态示意图

通常而言，顶部形态规模越大，突破后的跌幅越大。其对后市涨跌幅的预测功能为，头肩顶形态的价格突破颈线位后的理论跌幅至少为头部至颈线的垂直距离。图 14-4 为复合头肩顶形态的一个案例图，以下本实验中所有的案例图均属此类，不再赘述。

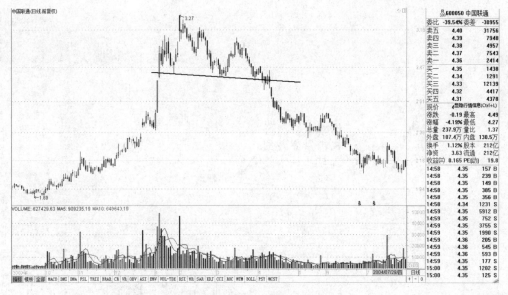

图 14-4　复合头肩顶形态实例

(二)头肩底及其衍生变种

1. 头肩底

头肩底是最典型的底部逆转形态，最低的点位为头部，两边的低谷分别为左肩和右肩。如图 14-5 所示，连接头部两侧的高点而成的直线为颈线，颈线是阻力最大的价位。一旦价格向上有效突破颈线，并且有成交量同步放大的配合，则视为买入信号。通常来说，突破后会出现一个后抽，又称自然回撤，自然回撤完毕价格再创新高时，也是一个重要的买入点，如图 14-6 所示。

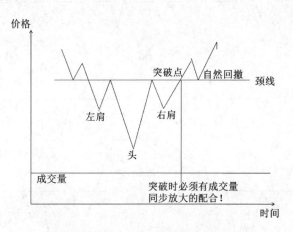

图 14-5　头肩底形态示意图

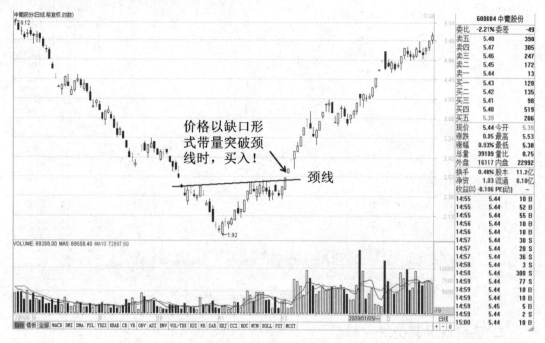

图 14-6　头肩底形态实例

2．复合式头肩底

如图 14-7 所示，复合式头肩底形态规模比较大，由一个以上的左肩或头或右肩构成，其对操作的指导意义同简单的头肩底。

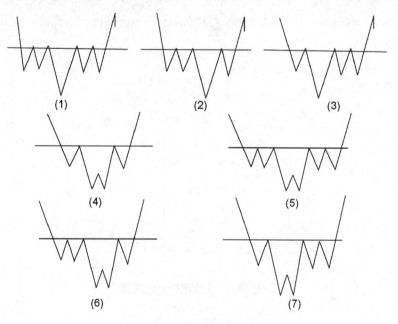

图 14-7　复合式头肩底形态示意图

(三)双重顶(M 头)

如图 14-8 所示,双重顶也像大写的英文字母 M,也是常见的顶部反转形态。当第一个顶部形成时,价格趋势保持上扬状态,市场上多头买气十足,但是当第二个顶部形成时,由于多头动能不济,在前期高点附近遇阻回落,在颈线位置附近未能获得支撑,突破颈线后价格一路下跌,双重顶形态完成。

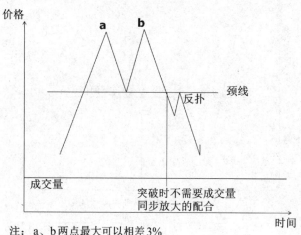

图 14-8　双重顶形态示意图

在实际操作中,投资者应该在价格跌破颈线后做空,跌破后可能会有反扑出现。理论上,价格下跌的幅度至少为峰顶到颈线的垂直距离,如图 14-9 所示。

图 14-9　双重顶形态实例

(四)双重底(W 底)

如图 14-10 所示，双重底是与双重顶相反的图表形态，其走势类似英文字母 W，是一种典型的底部形态。第一个底部，价格趋势保持下跌走势，市场上空头气氛浓厚，当第二个底部形成时，价格没有再创新低，趋势开始转化为横向整理，但是颈线压力明显。当颈线被向上有效突破后，该位置将成为重要的支撑位，之后一浪高于一浪的上升趋势开始，双重底形态完成。

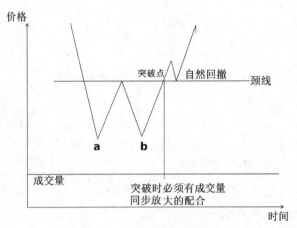

注：a、b 两点不一定要完全相同，二者差距小于 3%即可

图 14-10　双重底形态示意图

在操作时，当价格伴随同步放大的成交量有效突破颈线时是一个买入信号，突破后一般会有自然回撤，回撤完毕创新高时，也是一个加仓时机，如图 14-11 所示。

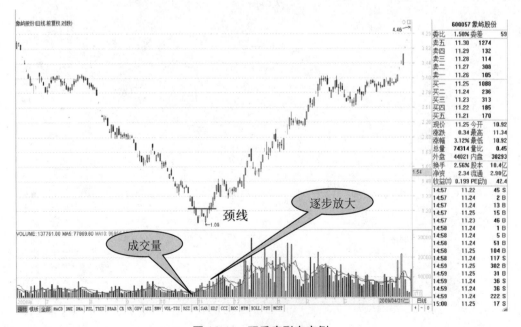

图 14-11　双重底形态实例

(五)三重顶

如图 14-12 所示，三重顶和多重顶可以看作是头肩的变形走势，三重顶的顶部一般不会一样高，但是应该相差不远。同头肩顶一样，三重顶的颈线位置支撑最强，但是当股价完成第三个高点时，由于多方力量不足股价下跌时在颈线位置未能企稳，向下跌破颈线，视为做空信号。突破后可能会有反扑。

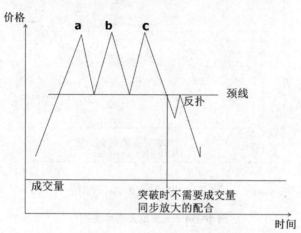

注：a、b、c 三点最大可以相差 3%

图 14-12　三重顶形态示意图

三重顶形态对于后市的预测意义为，价格跌破颈线后的理论下跌幅度至少应该等于顶部至颈线的垂直距离。一般来说，一旦价格形成三重顶，则往往预示着随后的下跌幅度和时间都是比较大的，如图 14-13 所示。

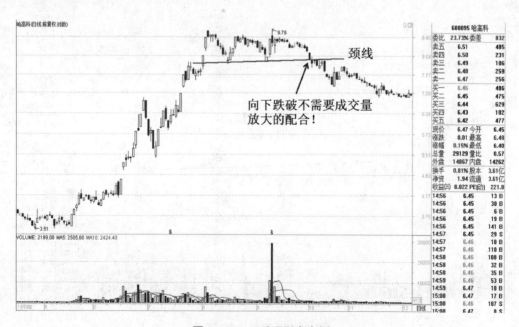

图 14-13　三重顶形态实例

(六)三重底

三重底与三重顶相反，由三个高度相近的低点构成，如图 14-14 所示。

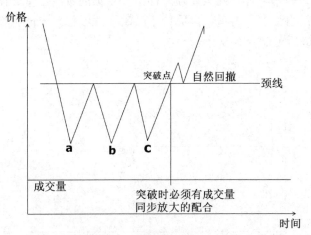

注：a、b、c 三点不一定要完全相同，差距小于 3%即可

图 14-14　三重底形态示意图

在如图 14-15 所示的实例中，其反弹的两个高点的连续为颈线，当价格在成交量同步放大的配合下有效向上突破颈线时，视为做多时机。突破后，往往会出现自然回撤，当回撤完毕创新高时也是一个加仓时机。

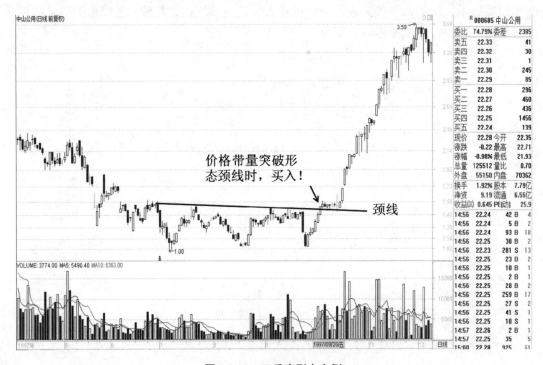

图 14-15　三重底形态实例

(七)圆形顶

如图 14-16 所示，圆形，又称碟形或碗形，是一种不常见但是很有爆发力的反转形态。其形成是由于多空双方力量较为接近，此消彼长长时间缓慢形成的，其变化幅度虽小，但是往往时间较长，因此形成后，后续的价格走势急剧下跌。

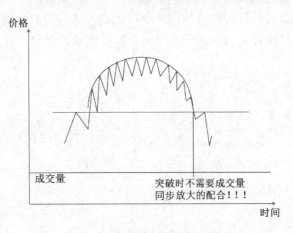

图 14-16 圆形顶形态示意图

如图 14-17 所示，圆形顶的成交量也同价格走势一样，两头多中间少。其操作上，从圆形顶开始的地方画一条水平的直线即为颈线，当价格向下跌破颈线时，视为卖空信号。跌破后可能会有一个反扑。

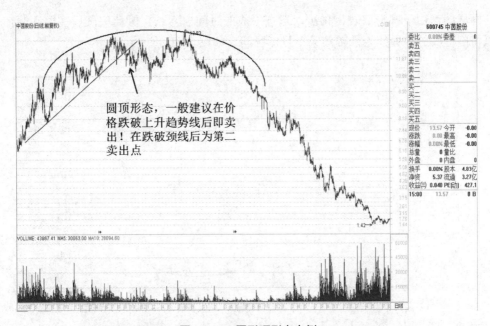

图 14-17 圆形顶形态实例

与前面的几种形态不同，圆形顶形成后，后续的下跌幅度较难预测。投资者往往用圆形的半径作为其下跌的第一目标位。这种顶部形态比较稀少，但是一旦形成往往杀伤力巨大，投资者不可不察。

(八)圆形底

如图 14-18 所示，与圆形顶对应，圆形底的形成也是在熊市末期，随着卖盘减少，股价开始企稳，这时有远见的投资者入市悄悄地吸纳筹码，筑底的过程缓和而漫长。此消彼长，随着买方力量逐渐占优，股价开始向上突破颈线，伴随成交量的同步放大，演变为大幅上涨。操作上，当价格伴随放大的成交量向上有效突破颈线时，视为买入信号。突破后可能会有自然回撤。

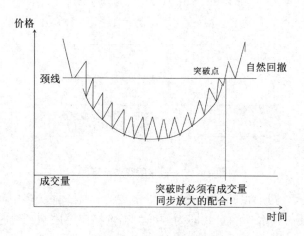

图 14-18　圆形底形态示意图

同样的，由于圆形底较为稀少，形态形成的时间非常长，因此突破后往往涨幅惊人。可以将圆形底的半径作为涨幅的第一目标区间，如图 14-19 所示。

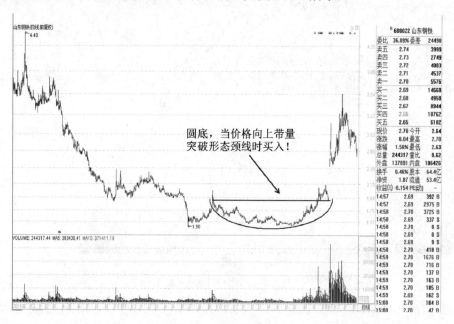

图 14-19　圆形底形态实例

(九)V 形顶(底)

如图 14-20 所示,反 V 形顶,又称长钉,通常是由于突发利空所致的一种反转形态,走势突然,常常让人措手不及。这种形态也不常见,但是一旦出现,其杀伤力将十分巨大。同反 V 形顶对应,V 形底走势突然,常常是由于突发利好所致。操作上,若转折点处成交量同步放大,则视为买入信号。这种买入的原理同趋势线分析法。

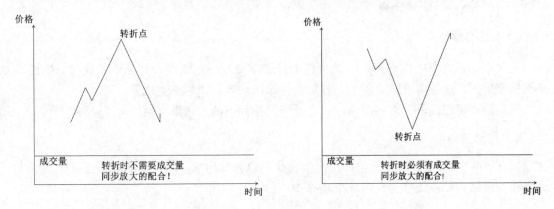

图 14-20 V 形顶(底)形态示意图

操作上,通常在转折点时卖出股票。如图 14-21 所示。这点也可以结合趋势线分析法,当价格向下跌破加速的上升趋势线时,视为卖出信号。

图 14-21 反 V 形顶形态实例

综上所述,不论是顶部形态还是底部形态,价格突破形态后往往将改变原有的趋势方向。在操作上,对于顶部形态价格突破形态的颈线或下边界线时,则不需要成交量的配合即为有效,视为卖出信号;就底部形态来说,价格向上突破形态的颈线或上边界线时,应该有成交量同步放大的配合方为有效突破，视为买入信号。对后市的涨跌幅的测算方面，总体来说，逆转形态的规模越大，突破后的涨跌幅度将越大。

三、持续整理形态分析方法

与逆转形态不同，如果价格突破形态后，仍然持续原有的趋势继续运动，则该形态为持续整理形态。整理形态在市场上非常常见，典型的有以下几种。

(一)三角形

三角形是最常见的整理形态。当价格上升或下降到一定幅度，开始进入盘整，形成一个震荡密集区，震荡幅度越来越小，最后价格移出边界线，形态完成。

三角形又可以细分为对称三角形、上升三角形和下降三角形。

1. 对称三角形

如图 14-22 所示，对称三角形由两条聚拢的边界线构成，将反弹的高点连起来形成上边界线，将回调低点连接起来形成下边界线。

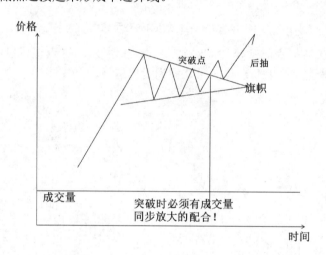

图 14-22 对称三角形整理形态示意图

操作上，当价格在成交量同步放大的配合下向上突破上边界线时，视为买入信号；当价格向下跌破下边界线时视为卖出信号。其对价格的预测功能，一般来说，从突破点算起，其涨跌幅度至少为三角形的垂直高度，如图 14-23 所示。

2. 上升三角形

如图 14-24 所示，上升三角形的形成过程同对称三角形一样，只不过上边界线是水平的。操作和预测上同对称三角形。

3. 下降三角形

如图 14-25 所示，下降三角形同上升三角形相反，其下边界线是水平的。操作和测算方法同对称三角形类似。

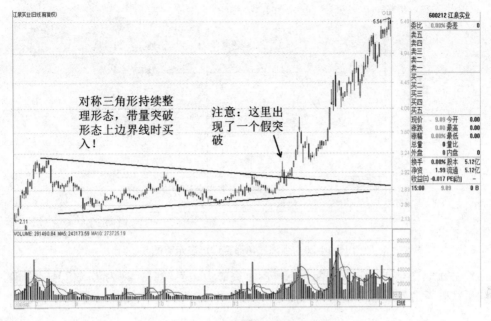

图 14-23 对称三角形整理形态实例

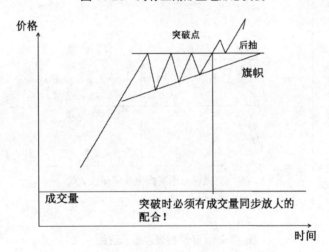

图 14-24 上升三角形整理形态示意图

需要注意的是，三角形形态中，价格一般沿原来的趋势方向突破，是为持续整理形态。但有时候也可能出现反方向突破，则此时三角形就变成顶部或底部的逆转形态。

(二)矩形

矩形，又叫箱形，也是一种典型的整理形态。价格在两条水平直线之间上下振动，做横向延伸运动，表示多空双方势均力敌。反弹高点形成的上边界线压力最大，回调低点形成的下边界线处支撑最强。

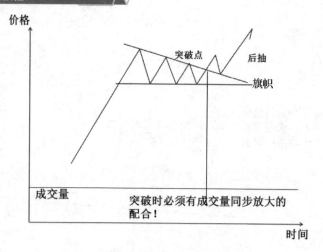

图 14-25 下降三角形整理形态示意图

当价格在成交量同步放大的配合下，向上突破上边界线时，视为买入信号；同理，当价格向下跌破下边界线时，视为卖出信号，如图 14-26 所示。

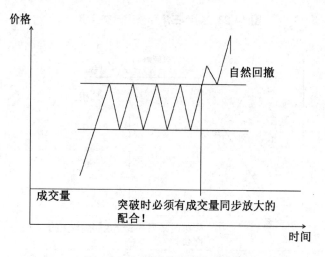

图 14-26 矩形整理形态示意图

矩形的测算意义，一般而言，价格突破后，从突破点开始，价格的涨跌幅度至少为矩形的垂直高度，如图 14-27 所示。

绝大多数矩形为持续整理形态，即突破后仍将持续原有的运动趋势。

(三)旗形

旗形，从几何角度而言，即为平行四边形，在上升趋势中出现的旗形整理形态一般向下倾斜，称为上升旗；在下降趋势中一般向上倾斜，称为下降旗。在形成旗形前，一般有一个旗杆，这是价格做直线运动的结果。

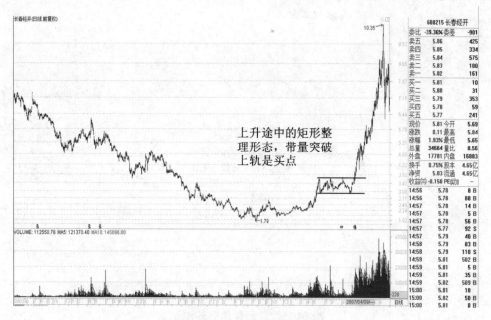

图 14-27　矩形整理形态实例

　　旗形的上下两条边界线起着压力和支撑的作用。操作上，当价格伴随成交量同步放大，向上突破上边界线时，视为买入信号；当价格跌破下边界线时，视为卖出信号，如图 14-28 所示。

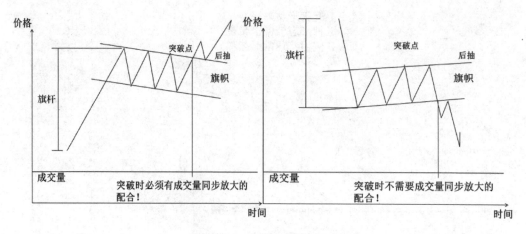

图 14-28　旗形整理形态示意图

　　旗形的测算功能，价格突破边界线后的涨跌幅度至少为旗形形态的高度，其形态的高度为左右两条边的长度，如图 14-29 所示。

(四)楔形

　　如果旗形的震荡幅度越来越收敛，将会得到楔形。楔形的上下边界线都是朝着同一个方向倾斜。上升楔形如图 14-30 所示，下降楔形如图 14-31 所示。

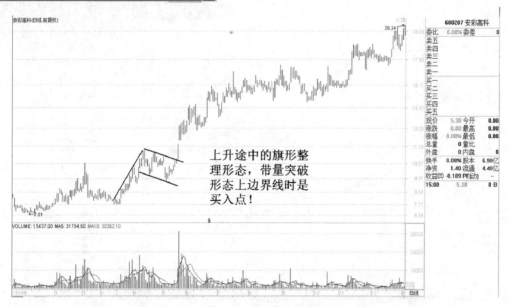

上升途中的旗形整理形态，带量突破形态上边界线时是买入点！

图 14-29　旗形整理形态实例

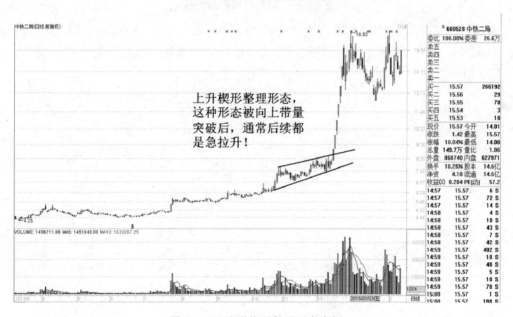

上升楔形整理形态，这种形态被向上带量突破后，通常后续都是急拉升！

图 14-30　上升楔形整理形态实例

操作上，当价格伴随同步放大的成交量突破上边界线时视为买入信号；当价格跌破下边界线时视为卖出信号。

楔形也有可能出现在底部或顶部，是为逆转形态。

(五)菱形

菱形，也称钻石形，是三角形的变体。价格在形成震荡密集区时，先是逐步扩散，继而逐渐收敛，构成菱形。菱形与其他形态不同，有四条边界线，如图 14-32 所示。

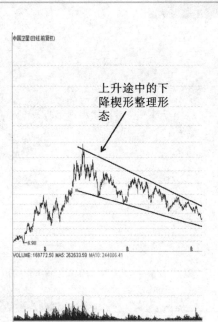

图 14-31 下降楔形整理形态实例

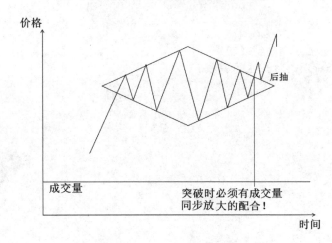

图 14-32 菱形整理形态示意图

在操作上，只看右边的两条边界线。当价格伴随放大的成交量向上突破上边界线时，视为买入信号；当价格跌破下边界线时，视为卖出信号。

菱形最宽处的高度为形态的高度，在测算后市的涨跌幅时，从突破点算起，至少涨跌一个形态的高度，如图 14-33 所示。

菱形也可能出现在底部或顶部，视为逆转形态，投资者在实战中应该活学活用。

综上所述，持续整理形态一般出现在上升趋势或下降趋势的中继，是一种整固形态。不论是何种形态，操作上，当价格在成交量同步放大的配合下向上突破上边界线时，视为买入信号；当价格跌破下边界线时，视为卖出信号。在实际中，还可能出现诸如失败的头肩等持续整理形态，投资者可以参考上述原理，举一反三，触类旁通。

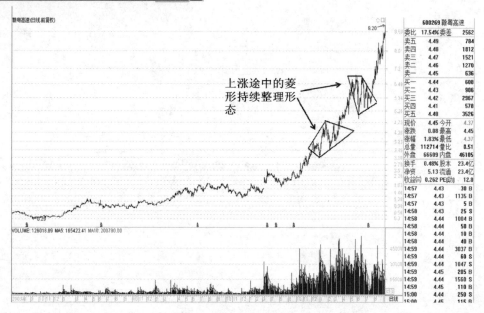

图 14-33　菱形整理形态实例

实验思考

如何利用形态分析理论防止主力骗线？

实验十五　技术指标分析

实验目的

通过实验使学生进一步熟悉证券投资技术分析的技术指标与实际操作的流程及界面操作。

实验要求

学生学号后两位与个股或债券或期货期权合约序号相对应，选出专属证券，按照教师的指令，应用实验步骤中所列出的所有指数指标对专属证券的未来走势做出初步判断，形成技术分析指标投资价格分析报告。

实验内容

根据教师的参数设置，要求学生以小组形式进行证券投资技术分析中技术指标分析的模拟实验，掌握证券投资技术分析中技术指标分析相关理论与实操的程序和方法。

实验材料

(1)　大智慧、同花顺、钱龙、通达信等金融数据库软件。
(2)　可登录相关财经网站、相关数据采集点的网络资源、各上市公司的官方网站。
(3)　学生端 PC 设备。
软件条件：国泰君安模拟交易所、同花顺模拟交易教学软件。

实验步骤

技术指标分析是通过建立一定的模型，计算指标值，希望通过定量的方法判断价格未来走势的分析方法。技术指标多产生于美国，且主要来自期货市场。所有的技术指标都是由基本的市场数据(如价格和成交量)经过筛选和计算而得。技术指标非常多，一般来说，分为三大类：反映市场趋势的趋势追随指标、反映市场是否进入极端状态的摆动指标和能量指标。对于每一类指标，投资者只要选取其中的一两种理解和掌握即可。

一、趋势追随指标

(一)移动平均(MA)线

简单移动平均线是连续若干天的收盘价的算术平均，其计算公式为

N 日移动平均线=N 日收盘价之和/N

对于简单移动平均线，有人认为，简单移动平均线对每天的权重都一样，不合理。于是有了加权移动平均线，对越近期的收盘价给予了越大的权重。另外还有指数平滑移动平均线。不过，根据美林公司的研究结果和大多数交易者的经验，简单移动平均线方法总体上胜过加权移动平均线和指数移动平均线。

1. 移动平均线的特点

移动平均线具有以下特点。

(1) 时滞性。移动平均线其实是跟随趋势的，趋势朝上它就朝上，趋势向下它就朝下，趋势不明它则徘徊。

由于移动平均线就是将几天收盘价进行平均，因此相对于价格来说自然就具备时滞性。即上升趋势形成初期，移动平均线还朝下或横向徘徊；价格开始向下发展了，移动平均线还在朝上运行。通常越长期的移动平均线越是如此。

(2) 助涨助跌性。价格有沿趋势运动的惯性。移动平均线方向的形成，往往意味着趋势的形成，市场要沿趋势运动一段时间。此时，移动平均线对价格有助涨或助跌的作用。具体而言，价格在移动平均线附近会产生支撑或者压力。当价格从上回落到移动平均线附近时，移动平均线会产生支撑，如图 15-1(a)中 A 点处所示；当价格从下反弹到移动平均线附近，移动平均线会产生压力，如图 15-1(b)中 B 点处所示。

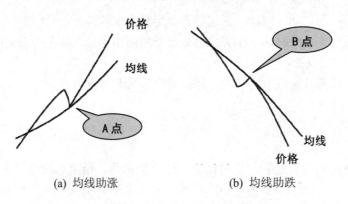

(a) 均线助涨　　　　　　　(b) 均线助跌

图 15-1　均线的助涨助跌特性

2. 应用

(1) 多头排列和空头排列。实际应用中，可以选取多条 MA 线进行应用。如果股价、短期 MA、长期 MA 依次从上到下排列，则称为多头排列。多头排列表明是多头市场，且做多一方大多数盈利，持股时间越长盈利越多，价格有继续上涨的趋势。相反，如果价格、短期 MA 和长期 MA 依次从下到上排列，则称为空头排列，表明处于空头市场，价格

有继续下跌的趋势，如图 15-2 所示。

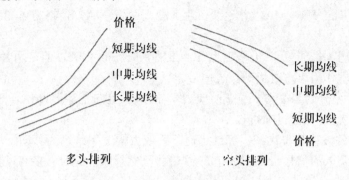

图 15-2　均线的多头(空头)排列示意图

(2) 金叉和死叉。当价格长期持续或有较大幅度的下跌后，步入调整阶段，均线从空头排列转为交叉运行。此时，如果长期均线走平或有向上转向的迹象，同时短期均线从下向上穿越长期均线，形成交叉，是为黄金交叉(简称金叉)，表示价格有反转的可能，是买入信号，投资者可以结合价格趋势判断，适当建仓。当价格长期持续或有较大幅度的上涨后，步入调整阶段，均线从多头排列转为交叉运行，此时，如果长期均线走平或开始向下反转，同时短期均线从上下穿长期均线，形成交叉，是为死亡交叉(简称死叉)，表示价格有反转的可能，视为卖出信号。

注意，金叉或死叉也要配合趋势判断才有实际意义，只能作为辅助判断，不能作为唯一的买卖依据。

(3) 格兰维尔移动平均线八大法则。格兰维尔移动平均线八大法则是以价格与移动平均线之间的关系，作为判断买卖的依据，共有八个买卖信号点，如图 15-3 所示。

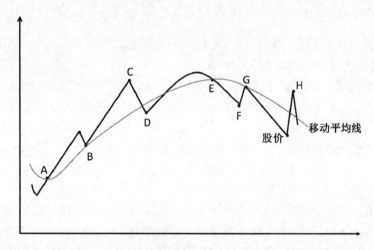

图 15-3　格兰维尔移动平均线八大法则示意图

A 点，移动平均线从下降开始走平，价格从下上穿 MA 时，是投资者买入的信号。A点还没有确定趋势是否开始，如果单单考虑价格和 MA 的关系就作为买卖信号，未免有失简单，结合其他方面考虑才比较稳妥。

B 点，价格上升远离 MA，突然下跌，但在 MA 时企稳，并再度上升，表示价格受到

MA 的支撑，是投资者买进的最佳时机。

C 点，价格向上突破 MA，并连续快速上涨、远离 MA，价格将可能出现短期下跌，是卖出信号。

D 点，移动平均线上升，价格也上升，虽然暂时跌破 MA，但是两者距离不远，MA 保持对价格的助涨作用，这时仍是买进信号。

E 点，MA 上升趋势变缓，并开始走平，价格从上向下穿过 MA，表明趋势发生改变，此时是投资者卖出的最佳时机。

F 点，价格跌破移动平均线，经过迅速下跌或大幅度下跌远离移动平均线，价格可能上涨，是投资者买入的信号。在 F 点，下跌趋势已然形成，此时做多有逆势操作的嫌疑，不建议遵循该原则。

G 点，价格连续迅速下跌，已经离开 MA 一段时间后，开始上升，但在上升到 MA 附近再次下跌，显示反弹只是市场对快速下跌的修正，应该在均线附近卖出。

H 点，MA 下降，价格也向下，价格与 MA 距离适当，MA 保持其助跌作用。虽然暂时升破 MA，但是两者距离不远，这是卖出的信号。

(二)指数平滑异同移动平均(MACD)线

1. 定义

MACD 是以快速移动平均线(短期线)与慢速移动平均线(长期线)相对距离的变化提供买卖时机参考的指标。

MACD 由正负差(DIF)、异同平均数(DEA)以及柱状线构成。DIF 是核心，DEA 是辅助。其计算过程大家可以忽略，只要能够应用即可。

2. 应用

(1) DIF 和 DEA 的值。DIF 和 DEA 同为正值时，表示市场处于多头市场；DIF 和 DEA 同为负值时，表示市场处于空头市场。

(2) 金叉和死叉。DIF 和 DEA 同为正值，当 DIF 从下向上突破 DEA 线，形成金叉时，为买入信号；DIF 和 DEA 同为负值，当 DIF 向下跌破 DEA 线，形成死叉时，视为卖出信号。

(3) 背离。价格创新低，而 DIF 和 DEA 却没有同时创新低，反而有转头向上的迹象，称为底背离，视为买入信号；价格创新高，而 DIF 和 DEA 却没有同时创新高，反而有转头朝下的迹象，称为顶背离，视为卖出信号。

(4) 柱状图分析。当红柱状线持续放大时，表明处于多头市场，股价将继续上涨，应继续持股；当红柱状线开始缩小时，表明上涨行情即将结束，此时应考虑卖出股票；当红柱状线开始消失、绿柱状线开始出现时，表示股市即将转势，上涨行情即将结束，股价将开始加速下跌，此时应该卖出大部分股票。当绿柱状线持续变大时，表明处于空头市场，股价将继续下跌，应持币观望；当绿柱状线开始缩小时，表明下跌行情即将结束，此时可以考虑建仓买入股票；当绿柱状线开始消失、红柱状线开始出现时，表示空头行情即将结束，股价将开始加速上升，这时应开始加码买入股票。

【案例 15-1】如图 15-4 所示，股票成飞集成复牌后，从 2019 年 5 月 19 日的 16.62 元开始上涨，历经两个多月，达到 72.6 元的高价，涨幅 4.36 倍。在此过程中，我们观察 MACD 指标，在上涨趋势形成以后，该指标即可适用。如图，上涨途中，DIF 和 DEA 均为正值，并且不断上升，MACD 的红柱连续不断，一直到股价向上跌破上升趋势线。此时，再观察 MACD 指标，DIF 从上下穿 DEA 形成死叉，结合趋势的跌破，我们知道该卖出股票了。接着，红柱消失，绿柱开始出现，并且越来越长，说明市场已经开始向空头转变。

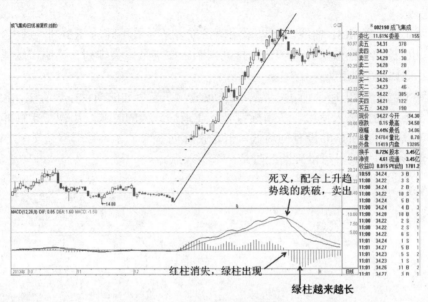

图 15-4　MACD 指标应用案例

需要注意的是，MA 和 MACD 都只适用于趋势市场，在盘整行情中，如果应用这些指标来指导买卖，将会失误多多。一般建议大家将指标分析作为趋势判断的一个参考，而不应该视为唯一的买卖依据。

二、摆动指标

(一)相对强弱指标(RSI)

1. 定义

相对强弱指标(RSI)的计算公式如下：

$$RSI = 100 - \frac{100}{1+RS}$$

其中，$RS = \dfrac{N\text{天内上涨收盘价的平均值}}{N\text{天内下跌收盘价的平均值}}$，通常 N 取值 14。

2. 应用

(1) 超买超卖。RSI 的常态分布范围为 0～100 之间。一般来说，RSI 大于 70 称为超买，表明市场在连续上涨之后，可能出现回调；RSI 小于 30，称为超卖，表明市场在连续下跌之后可能出现反弹。

(2) 背离。背离是这类极端摆动指标最有用的技术之一。背离需要满足两个条件，一是摆动指标出现在极端值区域，二是价格和指标背离。

具体来说，在经历了连续上涨之后，价格持续上涨创出新高，但是 RSI 大于 70 却无力创新高，这种背离称为看跌背离，表明市场可能出现回调；同理，在经历连续下跌之后，价格继续下跌，创出新低，RSI 小于 30 却没能创新低，称为看涨背离，表明市场可能随时向上反弹。

(3) 两条或多条 RSI 曲线。可以采用两条或多条参数不同的 RSI 曲线联合使用。同 MA 一样，根据曲线的多头排列和空头排列判断。如果是多头排列，说明市场属于多头市场；反之，则属于空头市场。

【案例 15-2】如图 15-5 所示，股票成飞集成，在未启动的横盘整理阶段，RSI 摆动指标可以配合形态的突破来使用。从指标看来，在最后一天的时候，出现了指标和价格背离的情况，可以看出，价格并没有创新低，但是指标创新低了，并且严重超卖(<20)，是一个信号。结合形态的突破，可以判断此时是一个买入点。

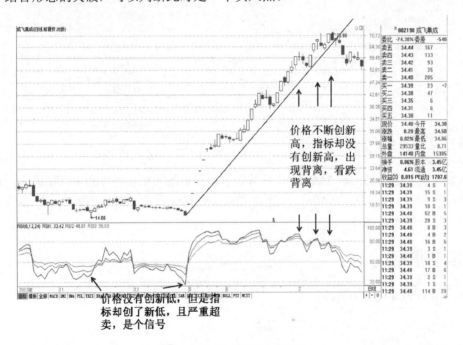

图 15-5　RSI 指标应用案例

在价格上涨的途中，最后几个波浪，可以看出，价格和指标出现了背离，价格创新高，但是指标却呈现一浪低于一浪的走势，需要警惕。

(二)随机指标(KDJ)

1. 定义

KDJ 是由乔治·兰德首创的，其理论依据是，当价格上涨时，收盘价格倾向于接近区间价格的上端，当价格下跌时，其收盘价格倾向于接近区间价格的下端。

其计算过程：

(1) 对每一交易日求未成熟随机值 RSV：

$$RSV = \frac{收盘价 - 最近N日最低价}{最近N日最高价 - 最近N日最低价} \times 100$$

RSV 反映的是现在价格在过去 N 天以来最高价、最低价之间的相对位置。

(2) 计算 K 和 D 的值：

$$K = RSV 的 M_1 日移动平均$$
$$D = K 线的 M_2 日移动平均$$

即 K 线是对 RSV 做一点平滑处理，D 线是对 K 线的移动平均线。

(3) 计算 J 值：

$$J = 3D - 2K = D + 2(D - K)$$

即 J 是反映 D 和 D 与 K 的一种差值。

2．应用

(1) 指标值。股价持续上涨，当 K 值高于 80、D 值高于 70，视为超买信号，表明价格可能出现回落；同样，当股价持续下跌，K 值低于 20、D 值低于 30，为超卖信号，表明价格可能出现反弹。

但需要注意的是，由于摆动指标适用于盘整市场，在趋势市场中，一旦趋势形成，往往会发现摆动指标都出现超买或超卖的极端情形，甚至长期持续超买超卖。这就告诫大家在趋势市场中，摆动指标出现极端情形只是需要警戒，并不能构成买卖信号，尤其是不能将该指标作为唯一的买卖依据。

(2) 背离。如果股价持续上涨，一浪高于一浪，创出新高，而 KD 在高位却呈现一浪低于一浪的现象，称为顶背离，视为卖出信号；同理，股价持续下跌，创出新低，而 KD 在低位却呈现一底高于一底的现象，称为底背离，视为买入信号。

(3) 金叉和死叉。KD 指标出现严重超卖(越低越好)，几次盘桓之后，慢速线 D 开始走平或转为上升，此时快速线 K 从下向上穿越 D，形成金叉，视为买入信号；同理，KD 指标出现严重超买(越高越好)，几次盘桓之后，慢速线 D 开始走平或转为下降，此时快速线 K 从上向下穿越 D，形成死叉，视为卖出信号。

三、能量指标

能量指标的原理是将股价的上涨和下跌视为海洋潮水的涨落过程，把成交量视为推动潮水涨跌的能量，如果成交量大，则能量大，反之能量小。最常用的能量指标是能量潮指标 OBV。

(一)定义

OBV(On Balance Volume)，直译为平衡交易量，其计算公式如下：

$$今日 OBV = 昨日 OBV + sgn \times 今日成交量$$

其中，sgn 表示符号，

sgn=+1(今天收盘价≥昨日收盘价)，表示今日这一潮属于多方能量的潮水；sgn=-1(今天收盘价<昨日收盘价)，表示今日这一潮属于空方能量的潮水。

(二)应用

OBV 的应用比较简单，主要有以下两种。

1. 背离

价格上升，OBV 也相应上升，是对当前上升趋势的确认。如果股价上升，但是 OBV 却未相应上升，出现价格和指标的背离，表明上升趋势没有能量的推动，后劲不足，可能出现逆转。同理，如果股价下跌，OBV 也相应下跌，表明对当前下跌趋势的确认。当如果股价下跌而 OBV 却未相应下跌，出现价格和指标背离，表明下降趋势后劲不足，可能出现反转。

2. 形态学和切线理论

趋势理论结合形态分析不仅可以应用于价格分析，同样也适用于指标分析。大家可以根据前面的相关理论对 OBV 指标进行应用。

【案例 15-3】如图 15-6 所示，股票成飞集成，用 OBV 指标来辅助判断，我们发现，随着价格的持续上涨，OBV 随着价格的上涨而不断上升，但是在最后的两个波浪，价格创新高了，而指标却没有，出现了背离，是一个信号。同样，切线理论也可以应用在指标上，在价格跌破上升趋势线的同时，指标也跌破了趋势线。这些都可以作为趋势理论的辅助判断。

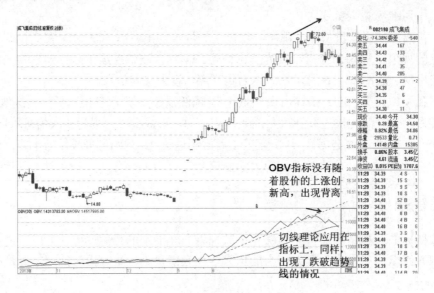

图 15-6　OBV 指标应用案例

深入思考应用技术指标应该注意的问题。

实验十六　IPO 上市业务实训——尽职调查

 **实验目的**

尽职调查是指保荐人对拟推荐公开发行证券的公司(以下简称"发行人")进行全面调查，充分了解发行人的经营情况及其面临的风险和问题，并有充分理由确信发行人符合《证券法》等法律法规及中国证监会规定的发行条件以及确信发行人申请文件和公开发行募集文件真实、准确、完整的过程。本实验旨在让学生熟悉尽职调查的基本内容，了解中介机构在尽职调查中的作用和职责，理解尽职调查对公司上市的意义。

 **实验要求**

通过查阅资料、走访相关部门、与相关人员座谈等方式对发行人进行尽职调查。

(1) 学生 7 人分成一组，每组选择 1 家上市公司，分别负责调查发行人基本情况、业务与技术情况、同业竞争和关联交易、高管人员情况、财务情况、业务发展目标、风险情况，将调查情况汇总形成尽职调查结论并制作成 PPT，进行分组汇报，每组汇报时间不超过 15 分钟。

(2) 教师对学生汇报情况进行打分与点评。

(3) 组与组之间进行互评。

 **实验内容**

对发行人进行尽职调查。

 **实验材料**

(1) 中国人民银行、国家外管局、国家财政部、国家商务部、银保监会、中国证监会、国家统计局等政府部门官网的统计数据、公告、政策等。

(2) 上市公司官网上上市公司定期报告等信息披露文件。

(3) 券商、研究机构网站等公司和行业研究报告。

 **实验步骤**

下面列出尽职调查的一些主要内容，如图 16-1 所示，由于篇幅有限，不能尽述，学生可根据实际情况进行删减与增添。

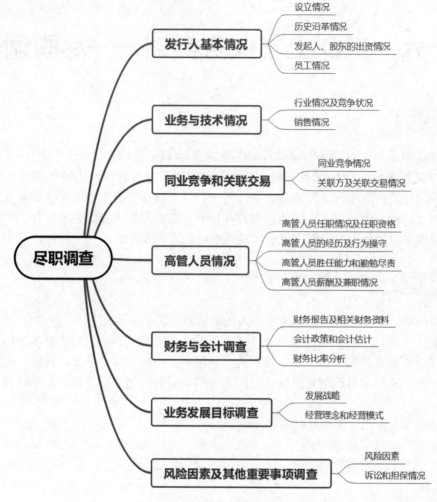

图 16-1 尽职调查主要内容

一、发行人基本情况调查

(一)设立情况

(1) 方式：取得发行人设立时的政府批准文件、营业执照、公司章程、发起人协议、创立大会文件、评估报告、审计报告、验资报告、工商登记文件等资料。必要时走访相关政府部门和中介机构。

(2) 要求：核查发行人的设立程序、工商注册登记的合法性、真实性。

(二)历史沿革情况

(1) 方式：查阅发行人历年营业执照、公司章程、工商登记等文件，以及历年业务经营情况记录、年度检验、年度财务报告等资料。必要时走访相关政府部门和中介机构。

(2) 要求：调查发行人的历史沿革情况。

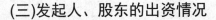

(三)发起人、股东的出资情况

(1) 方式：取得发行人设立时各发起人的营业执照(或身份证明文件)、财务报告等有关资料。采取咨询中介机构、询问发行人高管人员及其财务人员、前往工商管理部门调阅发行人注册登记资料、查阅股东出资时验资资料以及出资后发行人与股东之间的交易记录等方法。

(2) 要求：调查发行人股东的出资是否及时到位、出资方式是否合法，是否存在出资不实、虚假出资、抽逃资金等情况；核查股东出资资产(包括房屋、土地、车辆、商标、专利等)的产权过户情况。对以实物、知识产权、土地使用权等非现金资产出资的，应查阅资产评估报告，分析资产评估结果的合理性；对以高新技术成果出资入股的，应查阅相关管理部门出具的高新技术成果认定书。

(四)员工情况

(1) 方式：查阅发行人员工名册、劳务合同、工资表和社会保障费用明细表等资料。实地走访发行人员工的工作生活场所，与发行人员工谈话，实地察看发行人员工工作情况等。

(2) 要求：调查发行人员工的年龄、受教育程度、专业等结构分布情况及近年来的变化情况，分析其变化的趋势；了解发行人员工的工作面貌、工作热情和对工作的满意程度；调查发行人在执行国家用工制度、劳动保护制度、社会保障制度、住房制度和医疗保障制度等方面是否存在违法、违规情况。

二、业务与技术情况

(一)行业情况及竞争状况

(1) 方式：调阅行业主管部门制定的发展规划、行业管理方面的法律法规及规范性文件，行业杂志、行业分析报告、主要竞争对手意见、行业专家意见、行业协会意见；走访咨询行业分析师。

(2) 要求：了解行业监管体制和政策趋势。了解发行人所属行业的市场环境、市场容量、市场细分、市场化程度、进入壁垒、供求状况、竞争状况、行业利润水平和未来变动情况，判断行业的发展前景及行业发展的有利和不利因素，了解行业内主要企业及其市场份额情况，调查竞争对手情况，分析发行人在行业中所处的竞争地位及变动情况。调查发行人所处行业的技术水平及技术特点，分析行业的周期性、区域性或季节性特征。了解发行人所属行业特有的经营模式，调查行业企业采用的主要商业模式、销售模式、盈利模式；对照发行人所采用的模式，判断其主要风险及对未来的影响；分析该行业在产品价值链上的作用，通过对该行业与其上下游行业的关联度、上下游行业的发展前景、产品用途的广度、产品替代趋势等进行分析论证，分析上下游行业变动及变动趋势对发行人所处行业的有利和不利影响。根据财务资料，分析发行人出口业务情况，如果出口比例较大，调查相关产品进口国的有关进口政策、贸易摩擦对产品进口的影响，以及进口国同类产品的竞争格局等情况，分析出口市场变动对发行人的影响。

(二)销售情况

(1) 方式：查阅注册商标、权威市场调研机构的报告。

(2) 要求：结合发行人的行业属性和企业规模等情况，做好以下工作。

① 了解发行人的销售模式，分析其采用该种模式的原因和可能引致的风险。

② 了解发行人商标市场认知度和信誉度，评价产品的品牌优势。了解市场上是否存在假冒伪劣产品；如有，调查发行人的打假力度和维权措施实施情况。

③ 调查发行人产品(服务)的市场定位、客户的市场需求状况，是否有稳定的客户基础等。对发行人主要产品的行业地位进行分析。

④ 了解发行人主要产品的定价策略，评价其产品定价策略合理性；调查报告期发行人产品销售价格的变动情况。

⑤ 分析发行人销售区域局限化现象是否明显，产品的销售是否受到地方保护主义的影响。获取或编制发行人报告期对主要客户(至少前 10 名)的销售额占年度销售总额的比例及回款情况，是否过分依赖某一客户(属于同一实际控制人的销售客户，应合并计算销售额)。

⑥ 分析其主要客户的回款情况，是否存在以实物抵债的现象。获取发行人最近几年产品返修率、客户诉讼和产品质量纠纷等方面的资料，调查发行人销售维护和售后服务体系的建立及其实际运行情况，分析客户诉讼和产品质量纠纷对未来销售的影响及销售方面可能存在的或有负债。调查主营业务收入、其他业务收入中是否存在重大的关联销售，关注高管人员和核心技术人员、主要关联方或持有发行人 5%以上股份的股东在主要客户中所占的权益。

三、同业竞争和关联交易情况

(一)同业竞争情况

调查发行人控股股东或实际控制人及其控制的企业实际业务范围、业务性质、客户对象、发行人产品的可替代性等情况，判断是否构成同业竞争，并核查发行人控股股东或实际控制人是否对避免同业竞争做出承诺以及承诺的履行情况。

(二)关联方及关联交易情况

调查发行人高管人员及核心技术人员是否在关联方单位任职、领取薪酬，是否存在由关联方单位直接或间接委派等情况。调查发行人关联交易的以下内容(包括但不限于):

(1) 是否符合相关法律法规的规定。

(2) 判断是否按照公司章程或其他规定履行了必要的批准程序。

(3) 定价依据是否充分，定价是否公允，与市场交易价格或独立第三方价格是否有较大差异及其原因，是否存在明显属于单方获利性交易。

(4) 向关联方销售产生的收入占发行人主营业务收入的比例、向关联方采购额占发行人采购总额的比例，分析是否达到了影响发行人经营独立性的程度。

(5) 计算关联方的应收、应付款项余额分别占发行人应收、应付款项余额的比例，关注关联交易的真实性和关联方应收款项的可收回性。

(6) 关联交易产生的利润占发行人利润总额的比例是否较高，是否对发行人业绩的稳定性产生影响。

(7) 调查关联交易合同条款的履行情况，以及有无大额销售退回情况及其对发行人财务状况的影响。

(8) 是否存在关联交易非关联化的情况。对于缺乏明显商业理由的交易，实质与形式明显不符的交易，交易价格、条件、形式等明显异常或显失公允的交易，与曾经的关联方持续发生的交易，与非正常业务关系单位或个人发生的偶发性或重大交易等，应当予以重点关注，分析是否为虚构的交易、是否实质上是关联交易，调查交易背后是否还有其他安排。

(9) 分析关联交易的偶发性和经常性。对于购销商品、提供劳务等经常性关联交易，分析增减变化的原因及是否仍将持续进行，关注关联交易合同重要条款是否明确且具有可操作性以及是否切实得到履行；对于偶发性关联交易，分析对当期经营成果和主营业务的影响，关注交易价格、交易目的和实质，评价交易对发行人独立经营能力的影响。

四、高管人员情况

(一)高管人员任职情况及任职资格

(1) 方式：查阅有关三会文件、公司章程等。

(2) 要求：了解高管人员任职情况，核查相关高管人员的任职是否符合法律法规。

(二)高管人员的经历及行为操守

(1) 方式：通过与高管人员分别谈话、查阅有关高管人员个人履历资料、查询高管人员曾担任高管人员的其他上市公司的财务及监管记录、咨询主管机构、与中介机构和发行人员工谈话等方法。

(2) 要求：了解高管人员的教育经历、专业资历以及是否存在违法、违规行为或不诚信行为，是否存在受到处罚和对曾任职的破产企业负个人责任的情况。

(三)高管人员胜任能力和勤勉尽责情况

(1) 方式：通过查询有关资料，与高管人员、中介机构、发行人员工、主要供应商、主要销售商谈话等方法。

(2) 要求：了解发行人高管人员曾担任高管人员的其他公司的规范运作情况以及该公司经营情况，分析高管人员管理公司的能力。

(四)高管人员薪酬及兼职情况

(1) 方式：通过查阅三会文件、与高管人员交谈、与发行人员工交谈等方法，咨询发行人律师。

(2) 要求：调查发行人为高管人员制定的薪酬方案、股权激励方案。调查高管人员在发行人内部或外部的兼职情况，分析高管人员兼职情况是否会对其工作效率、质量产生影响。关注高管人员最近一年从发行人及其关联企业领取收入的情况，以及所享受的其他待遇、退休金计划等。

五、财务与会计调查

(一)财务报告及相关财务资料

(1) 方式：对经注册会计师审计或发表专业意见的财务报告及相关财务资料的内容进行审慎核查。

(2) 要求：财务分析与发行人实际业务情况相结合，关注发行人的业务发展、业务管理状况，了解发行人业务的实际操作程序、相关经营部门的经营业绩，对发行人财务资料做出总体评价。

(二)会计政策和会计估计

(1) 方式：通过查阅发行人财务资料，并与相关财务人员和会计师沟通，核查发行人的会计政策和会计估计的合规性和稳健性。

(2) 要求：如发行人报告期内存在会计政策或会计估计变更，重点核查变更内容、理由及对发行人财务状况、经营成果的影响。

(三)财务比率分析

(1) 计算发行人各年度毛利率、资产收益率、净资产收益率、每股收益等，分析发行人各年度盈利能力及其变动情况，分析母公司报表和合并报表的利润结构和利润来源，判断发行人盈利能力的持续性。

(2) 计算发行人各年度资产负债率、流动比率、速动比率、利息保障倍数等，结合发行人的现金流量状况、在银行的资信状况、可利用的融资渠道及授信额度、表内负债、表外融资及或有负债等情况，分析发行人各年度偿债能力及其变动情况，判断发行人的偿债能力和偿债风险。

(3) 计算发行人各年度资产周转率、存货周转率和应收账款周转率等，结合市场发展、行业竞争状况、发行人生产模式及物流管理、销售模式及赊销政策等情况，分析发行人各年度营运能力及其变动情况，判断发行人经营风险和持续经营能力。

通过上述比率分析，与同行业可比公司的财务指标比较，综合分析发行人的财务风险和经营风险，判断发行人财务状况是否良好，是否存在持续经营问题。

六、业务发展目标调查

(一)发展战略

(1) 方式：取得发行人中长期发展战略的相关文件，包括战略策划资料、董事会会议纪要、战略委员会会议纪要、独立董事意见等相关文件。

(2) 内容：分析发行人是否已经建立清晰、明确、具体的发展战略，包括战略目标、实现战略目标的依据、步骤、方式、手段及各方面的行动计划。

(二)经营理念和经营模式

(1) 方式：取得发行人经营理念、经营模式的相关资料，通过与发起人、高管人员及员工、主要供应商、主要销售客户谈话等方法。

(2) 内容：了解发行人的经营理念和经营模式，分析发行人经营理念、经营模式对发行人经营管理和发展的影响。

七、风险因素及其他重要事项调查

(一)风险因素

(1) 方式：通过网站、政府文件、专业报刊、专业机构报告等多渠道了解发行人所在行业的产业政策、未来发展方向，与发行人高管人员、财务人员、技术人员等进行谈话，取得发行人既往经营业绩发生重大变动或历次重大事件的相关资料，并参考同行业企业发生的重大变动事件，结合对发行人公司治理、研发、采购、生产、销售、投资、融资、募集资金项目、行业等的调查。

(2) 要求：分析对发行人业绩和持续经营可能产生不利影响的主要因素以及这些因素可能带来的主要影响，包括经营风险、行业风险、政策风险、法律风险、汇率风险等。对发行人影响重大的风险，应进行专项核查。

(二)诉讼和担保情况

(1) 方式：通过高管人员出具书面声明、查阅合同、走访有关监管机构、与高管人员或财务人员谈话、咨询中介机构等方法，核查发行人所有对外担保(包括抵押、质押、保证等)合同。

(2) 要求：调查发行人及其控股股东或实际控制人、控股子公司、发行人高管人员和核心技术人员是否存在作为一方当事人的重大诉讼或仲裁事项以及发行人高管人员和核心技术人员是否存在涉及刑事诉讼的情况，评价其对发行人经营是否产生重大影响。

 思政融入案例

科创板保荐未勤勉尽责，4位保代被约谈

作为科创板首批上市企业，杭可科技、容百科技此前发布公告称，因公司招股书中信息披露存在问题，证监会决定对公司采取 1 年内不接受公司公开发行证券相关文件的行政监督管理措施。

纵观杭可科技、容百科技此次被罚的原因，均与 2019 年年底"爆雷"的比克动力有关。经证监会调查，2018 年 12 月，比克动力暂停四期项目合同，但杭可科技招股说明书

未予披露，且比克动力四期合同预付款合计 1600 万元，占合同金额比例为 15%，与杭可科技招股说明书披露该项合同预付款 30% 不一致。此外，2018 年 10 月至 2019 年 6 月期间，比克动力共 12 笔商业承兑汇票、合计 11 692.7 万元到期未能承兑，其中 4460 万元已通过电汇等支付，其余 7232.7 万元尚未支付，上述情形与杭可科技招股说明书披露不符。

容百科技则未充分披露比克动力信用风险大幅增加情况；未披露比克动力"回款"的实质为以自身开具商业承兑汇票偿还逾期应收账款。同样，证监会决定对容百科技采取 1 年内不接受公司公开发行证券相关文件的行政监督管理措施。

发行人未披露，保荐代表人难以幸免。作为杭可科技的保荐代表人，傅毅清、王东晖因对发行人合同执行、应收票据兑付等情况的核查不充分，被采取监管谈话；作为容百科技的保荐代表人，因未勤勉尽责，对发行人客户信用风险、应收账款回收等情况的核查不充分，也被要求监管谈话。

另外，杭可科技、容百科技均系天健会计师事务所(特殊普通合伙)执业的 IPO 审计项目，因两股招股书中信息披露存在问题，证监会此前也对天健事务所及赵丽、金东伟、倪国君、何林飞等四名签字注册会计师采取了出具警示函的行政监管措施，并记入证券期货市场诚信档案。

案例点评： 勤勉尽责是证券从业人员的首要职业操守。新《证券法》颁布实施后，进一步压实了保荐机构"看门人"的职责，加大了中介机构违法违规的监管和处罚力度，保荐机构及其工作人员应秉持勤勉尽职的职业道德，做好资本市场的"引路人"和投资者的"看门人"。

(资料来源：搜狐财经，3 家券商 11 位保代遭罚！未勤勉尽责、尽职调查存缺陷……监管"鼓点"越来越密，https://www.sohu.com/a/406311190_177992?_f=index_pagefocus_5&_trans_=060005_xxhd)

 **实验思考**

1. 简述尽职调查的作用和意义。
2. 怎样才能做好尽职调查？

实验十七　IPO 上市业务实训——保荐协议、证监会审批

实验目的

熟悉上市保荐协议的内容；了解上市保荐协议的签署主体；熟悉上市保荐协议签署的流程。

实验要求

保荐机构应当与发行人签订保荐协议，明确双方的权利和义务，按照行业规范协商确定履行保荐职责的相关费用。

将全班学生分成若干组，每组包括保荐项目组合拟发行人代表。保荐项目组共 9 人：保荐代表人 2 名、项目协办人 1 名、项目组成员 3 名，签字律师 1 名、签字会计师 1 名、签字资产评估师 1 名；拟发行人代表共 3 人：法定代表人 1 名、董事会秘书 1 名、证券投资部部长 1 名。保荐项目组与拟发行人代表就保荐协议内容进行谈判、协商，并在达成一致的情况下签订保荐协议。

实验内容

保荐人和拟上市企业签订保荐协议并向监管机关报告。

实验材料

保荐协议。

实验步骤

一、谈判、协商

(1) 确定双方权利与义务。
(2) 确定保荐承销费用。
(3) 确定违约责任。

二、签订保荐协议(范本)

××证券有限责任公司与××股份有限公司

关于首次公开发行A股股票并上市的保荐协议

协议双方：

甲　　方：××股份有限公司

注册地址：

法定代表人：

乙　　方：××证券有限责任公司

注册地址：

法定代表人：

释　　义：

除非文中另有所指，以下词语在本协议中具有下列含义：

发行人、公司：指B股份有限公司

保荐机构：指A证券有限责任公司

保荐代表人：指保荐机构为本次发行项目指定的保荐代表人

本次发行：指甲方首次公开发行A股股票事宜

尽职推荐期间：指本协议生效日至本次发行股份的上市日

持续督导期间：指本次发行股份的上市日至其后()个完整会计年度[①]

鉴　　于：

根据证监会令第 58 号《证券发行上市保荐业务管理办法》的规定，甲方聘请乙方作为本次发行的保荐机构，对甲方首次公开发行股票并上市进行尽职推荐并在所发行股份上市后持续督导甲方履行相关义务。经友好协商并参考行业规范，甲乙双方于　年　月　日达成如下协议：

第一条　总则

甲乙双方应共同遵守诚实信用的原则，在协议有效期内各自主动履行本协议项下的义务。

甲方应充分保障乙方及其保荐代表人享有与其董事及其他任何外部中介机构同等的知情权和查阅权，承诺所提供的一切资料与信息不存在虚假记载、误导性陈述或重大遗漏，为乙方履行尽职调查和持续督导等职责提供必要条件，并充分尊重乙方的独立判断和所发表的专业意见。

乙方应尽职推荐甲方首次公开发行A股股票并上市，持续督导甲方履行相关义务，保证所出具的文件真实、准确、完整并具备足够的专业水准，保守甲方的商业机密，并就重

---

① 目前主板是1+2(上市后1年+后面2个完整的会计年度)；创业板是1+3(上市后1年+3个完整的会计年度)；科创板是1+3(上市后1年+3个完整的会计年度)。

大事项向甲方及时提供切实有效的建议与咨询。

为了合理规避风险、保证保荐工作的持续性，在本协议签署后甲方因再融资(配股、增发、转债)等事项需要再次聘请保荐机构时应优先委托乙方，但乙方不承担必须接受委托的义务。

甲乙双方就本次发行上市另行签订的其他协议不得与本协议相抵触。

第二条　通知

本协议所称通知，是指在尽职推荐和持续督导期间甲方发生或拟发生《证券发行上市保荐业务管理办法》规定的情形和本协议约定需要通知的情形时，以及履行信息披露义务之前，甲方以书面或传真等乙方认可的方式及时将相关文件完整地送达乙方的行为。

除甲方事前无法知悉的情况外，所有通知均应在事项或行为发生以前告知乙方，并给乙方留有合理的审阅并提出咨询建议的时间，否则，乙方有权公开发表声明以免责。

第三条　尽职推荐期间甲乙双方的权利义务

(一)甲方的权利和义务

1. 甲方的权利

(1) 要求乙方为甲方公开发行股票并上市提供本协议项下的尽职推荐服务，包括但不限于指定符合规定且具备胜任能力的保荐代表人、全面协调组织本次发行上市的申请工作、依法对公开发行募集文件进行核查、向中国证监会出具保荐意见等；

(2) 知晓乙方保荐工作的计划和进度、保荐代表人实际履行保荐职责的能力和工作经历；

(3) 因乙方被中国证监会从保荐机构名单中去除而另行聘请保荐机构。

2. 甲方的义务

(1) 指定具备较强协调和管理能力的专人配合乙方保荐工作；

(2) 保障乙方充分行使组织统筹、尽职调查、独立判断等职责，并敦促实际控制人、重要股东、关联方、公司董事、监事、高级管理人员、核心技术人员以及相关中介机构等配合乙方保荐工作；

(3) 按照法律法规的要求和乙方的要求提供信息与资料并对真实性承担责任，除涉及核心商业机密或技术诀窍外不得拒绝提供；

(4) 提供充分、合理的证据证明不存在《证券发行上市保荐业务管理办法》第七十一条、第七十二条的情形；

(5) 履行本协议第四条项下关于持续督导期间甲方的义务。

(二)乙方的权利和义务

1. 乙方的权利

(1) 查阅所有与发行上市有关的文档资料和会计记录(涉及核心商业机密或技术诀窍的除外)，并对甲方提供的资料和披露的内容进行独立判断；

(2) 协助甲方建立健全法人治理结构和内部控制制度，对章程及各项规范运作制度、财务会计制度的制定和修改提供建议和咨询；

(3) 列席董事会、监事会及股东大会会议，对甲方重大事项提供建议和咨询；

(4) 对甲方不符合发行上市条件或法律法规规定的事项和行为提出整改要求并监督执行;

(5) 对公开发行募集文件中无中介机构及其签名人员专业意见支持的内容进行充分、广泛、合理的调查,对公开发行募集文件中有中介机构及其签名人员出具专业意见的内容进行审慎核查。

2. 乙方的义务

(1) 指定符合规定且具备胜任能力的保荐代表人,全面组织协调发行上市工作并与中国证监会进行专业沟通,勤勉尽责地履行尽职推荐义务,在发行审核委员会会议上接受委员质询;

(2) 指定具备胜任能力的人员担任项目协办人,保证所提供的专业服务和出具的专业意见符合法律、行政法规、中国证监会的规定和行业规范,并具备足够的水准;

(3) 制订发行上市的总体工作计划和时间安排,组织申报材料的编写和制作;

(4) 确信独立判断与其他中介机构发表的意见不存在实质性差异;

(5) 对申报材料进行尽职调查和审慎核查,确认申请文件和公开发行募集文件不存在虚假记载、误导性陈述或者重大遗漏。

第四条　持续督导期间甲乙双方的权利和义务

(一)甲方的权利和义务

1. 甲方的权利

(1) 要求乙方为甲方本次发行上市后提供本协议项下的持续督导服务,包括但不限于重大决策事项的建议和咨询、信息披露文件的审阅等;

(2) 知晓乙方履行保荐职责所发表的意见;

(3) 再次申请发行新股或可转换公司债券时乙方不接受继续委托而另行聘请保荐机构;

(4) 因乙方被中国证监会从保荐机构名单中去除而另行聘请保荐机构。

2. 甲方的义务

1) 一般义务

(1) 指定具备较强协调和管理能力的专人配合乙方保荐工作。

(2) 保障乙方享有充分的知情权和查阅权,敦促实际控制人、重要股东、关联方、公司董事、监事、高级管理人员、核心技术人员以及相关中介机构等配合保荐工作。

(3) 按照法律法规的要求和乙方要求提供信息与资料并对真实性承担责任,除涉及核心商业机密或技术诀窍外不得拒绝。

(4) 为乙方了解以下事项给予包括提供相关资料在内的必要协助:

① 甲方的经营环境和业务状况,如行业发展前景、国家产业政策的变化、主营业务的变更等;

② 甲方的股权变动和管理状况,如股本结构的变动,控股股东的变更,管理层、管理制度和管理政策的变化等;

③ 甲方的市场营销状况,如市场开发情况、销售和采购渠道、市场占有率的变化等;

④ 甲方的核心技术状况,如技术的先进性和成熟性、新产品开发和试制等;

⑤　甲方的财务状况，如会计政策的稳健性、债务结构的合理性、经营业绩的稳定性等。

2）　通知义务

甲方(含所控制的企业)出现或者将要出现下列情形之一的，应当及时通知或者咨询乙方，并按本协议约定将相关文件送交乙方，乙方按照法律法规的要求发表意见或履行公告义务：

(1)　拟变更募集资金及投资项目等承诺事项；

(2)　实际控制人、管理层以及主营业务拟或已发生重大变化；

(3)　生产经营出现重大不利情况；

(4)　拟进行重大关联交易事项或为他人提供担保等事项；

(5)　拟进行重大资产出售、购买、置换等事项。

3）　规范运作义务

(1)　按照法律法规的要求建立健全法人治理结构和各项规范运作制度，严格内部控制，确保符合证券公开发行上市的条件和有关规定，具备持续发展能力；

(2)　继续确保与发起人、大股东、实际控制人之间在业务、资产、人员、机构、财务等方面相互独立，不存在同业竞争、显失公允的关联交易以及影响发行人独立性的其他行为；

(3)　继续确保公司治理、财务和会计制度等不存在可能妨碍持续规范运作的重大缺陷。

4）　信守承诺义务

(1)　严格按照公开发行募集文件和其他信息披露文件的承诺使用募集资金，确保资金运用的安全性和科学性，达到预期盈利水平；

(2)　严格执行公开发行募集文件中关于股利分配计划、为投资者服务的计划等承诺事项；

(3)　敦促发起人、大股东、实际控制人、其他关联方以及董事、监事、高级管理人员信守承诺、不损害甲方利益、保护中小股东及其他利益相关者权益。

5）　信息披露义务

(1)　在法定期限内披露定期报告；

(2)　按规定披露业绩重大变化或者亏损事项、资产购买或者出售事项、关联交易事项；

(3)　按规定披露对损益影响超过前一年经审计净利润百分之十的担保损失、意外灾害、资产减值准备计提和转回、政府补贴、诉讼赔偿等事项。

6）　其他义务

不得出现《证券发行上市保荐业务管理办法》第七十一条、七十二条的情形。

(二)乙方的权利和义务

1. 乙方的权利

(1)　持续督导甲方履行规范运作、信守承诺、信息披露等义务，对甲方不履行义务的行为发表公开声明或向中国证监会、深圳证券交易所报告；

(2)　查阅所有与持续督导有关的文档资料和会计记录(涉及核心商业机密或技术诀窍的

除外)，并对甲方提供的资料和披露的内容进行独立判断；

(3) 协助甲方建立健全法人治理结构和内部控制制度，对章程及各项规范运作制度和财务会计制度的制定和修改提供建议和咨询；

(4) 有权列席发行人的董事会、监事会和股东大会会议，对甲方重大事项提供建议和咨询、知悉重大决策的制订过程和实施细则；

(5) 对甲方不符合持续上市条件或法律法规规定的事项和行为提出整改要求并监督执行。

2. 乙方的义务

(1) 督导甲方有效执行并完善防止控股股东、实际控制人和其他关联方违规占用发行人资源的制度，防止董事、监事、高管人员利用职务之便损害甲方利益的内控制度，保障关联交易公允性和合规性的制度，审阅信息披露文件及向中国证监会、证券交易所提交的其他文件，持续关注甲方募集资金的使用、投资项目的实施等承诺事项，持续关注甲方为他人提供担保等事项。

(2) 就下列事项发表独立意见：

① 对于需要披露的募集资金使用情况，就募集资金使用的真实性和合规性发表意见；

② 对于需要披露的关联交易，就关联交易的公允性和合规性发表意见；

③ 对于需要披露的担保事项，就担保的合规性、是否采取反担保措施等事项发表意见。

(3) 定期或不定期对甲方进行现场调查(每个季度至少进行一次例行性现场调查，必要时可以进行专项调查)，进行现场调查时，应给予甲方适当的提前通知。现场调查内容主要包括但不限于：

① 甲方公司治理和内部控制是否有效。

② 甲方信息披露是否与事实相符。

③ 募集资金使用与招股说明书中载明的用途是否一致；如有变更用途的情况，变更理由是否充分，程序是否齐备；募集资金的管理是否安全。

④ 前次现场调查之后甲方发生的关联交易、为他人提供担保、对外投资是否履行了规定的程序。

(4) 对投资、融资、股利分配的事前决策提供建议和咨询并进行事后监督。

(5) 协助甲方树立良好的市场形象。

(三)关于募集资金专户存储

甲方应按照募集资金管理的相关规定，审慎选择商业银行并开设募集资金专项账户(以下简称"专户")，募集资金应当存放于董事会决定的专户集中管理，在募集资金到位后一个月内与乙方、存放募集资金的商业银行签订三方监管协议。

第五条　保荐责任期限

(1) 按照《证券发行上市保荐业务管理办法》的规定，自向证监会提交保荐文件之日起，乙方及保荐代表人承担相应的保荐责任。

(2) 甲方本次股票发行上市后，乙方将履行持续督导责任，期间为甲方股票发行上市当年剩余时间及其后两个完整会计年度，持续督导的期间自甲方本次发行的股票上市之日起计算。

(3) 持续督导期届满，如有尚未完结的保荐工作，乙方将继续完成相应工作直至该等工作结束。

第六条　保荐费用及支付

(1) 根据双方自愿协商，甲方向乙方支付保荐费用共计人民币_____万元(大写：　　　　　)。

(2) 上述保荐费用已包含在双方签署的《主承销协议》中确定的承销费用中。

(3) 甲方在本次首次公开发行 A 股并上市之申请材料获证监会正式受理之日起的 5 个工作日内向乙方一次性支付保荐费用_____万元(大写：　　　　　)，剩余款项待发行后从募集资金中一次性扣除。

(4) 乙方收款账户

乙方收款账户开户行：

收款账户户名：××证券有限责任公司

收款账户账号：

第七条　违约责任

(1) 本协议任何一方由于违背在本协议中作出的声明、保证或承诺所引起的任何法律责任，将依法予以解决。

(2) 如甲方未履行本协议项下的义务致使乙方受到中国证监会或其他证券监管部门的处罚，则甲方将按不低于乙方直接或间接经济损失且不低于 500 万元的标准支付违约金，且乙方保留继续追偿的权利。

第八条　免责担保

由于甲方违反或被指控违反其在本协议中所作的声明、保证及承诺或本协议项下的任何其他义务，或由于甲方不履行或被指控不履行任何性质的强制性义务，或由于甲方在与保荐工作有关的信息披露中作了或被指控作了虚假陈述，由此而导致他人对乙方提出或威胁提出权利请求或索赔，甲方同意并承诺对因此产生的责任、损失、费用(包括乙方为对抗上述请求或根据本款确立自己的请求而发生的一切费用)向乙方提供完全和有效的免责担保。

第九条　终止

(1) 如果刊登公开发行募集文件前终止保荐协议的，甲方和乙方应当自终止之日起五个工作日内分别向证监会报告，说明原因。

(2) 刊登公开发行募集文件后，甲方和乙方不得终止保荐协议，但出现下列情况时双方可提前终止保荐协议，并应当自终止之日起五个工作日内向证监会、证券交易所报告，说明原因。

(3) 持续督导期届满。

第十条　转让

本协议对各方及其继承人均有约束力，并保证各方及其继承人的权益。

本协议的任何一方不得转让本协议项下的权利和义务。

第十一条 放弃

任何一方在任何时候或任何一段时期内，如未能行使本协议项下的任何权利，将不构成也不应被解释为放弃这种权利，也不应在任何方面影响该方以后行使其权利。

第十二条 通知送达

甲乙双方以书面或传真形式发出通知时，应按以下地址送达：

(1) 甲　　方：××股份有限公司

办公地址：

联　系　人：

电　　话：

传　　真：

(2) 乙　　方：××证券有限责任公司

注册地址：

办公地址：

联　系　人：

电　　话：

传　　真：

第十三条 争议的解决

本协议项下所产生的任何争议，首先应在争议各方之间协商解决，如果未能解决，任何一方均有权向仲裁委员会申请仲裁。

第十四条 协议正本

本协议一式捌份，协议双方各执壹份，叁份上报有关主管部门或由乙方备案。

第十五条 协议效力

(1) 本协议各方在本协议签订前就保荐事宜所达成的安排和协议如与本协议有抵触，均应以本协议为准。

(2) 本协议未尽事宜，可由本协议各方协商签订补充协议。补充协议与本协议具有同等法律效力。

(3) 本协议自双方签字或盖章之日起生效。

××股份有限公司(盖章)：

法定代表人或授权代表(签字)：＿＿＿＿＿＿＿＿

签署日期：　　　年　　月　　日

××证券有限责任公司(盖章)：

法定代表人或授权代表(签字)：＿＿＿＿＿＿＿＿

签署日期：　　　年　　月　　日

三、监管机构审批

保荐协议签订后，保荐机构应当在 5 个工作日内向承担辅导验收职责的中国证监会派出机构报告。

准备多少资金跟投？发行人竟对保荐机构如此"拷问"

跟投机制是科创板的全新尝试，也是各界关注的焦点。券商人士表示，监管要求的跟投比例可能为 2%(或 3%)~5%，考虑到风险控制因素，即便是好项目，券商也不会大比例跟投。

募资额超 10 亿元的科创板项目，承销保荐费率在 3%左右。券商做每单科创板项目的保底收入在 2500 万到 3000 万元之间，可以覆盖成本。10 亿元以上的融资项目，4%以内的费率基本可以保证保底收入。除了融资规模、企业优质与否等因素外，增值服务是影响承销保荐费率的重要变量。中介机构与发行人后期甚至会根据增值服务的情况，提升承销保荐费率等。

《科创板股票发行与承销实施办法》规定，科创板试行保荐机构相关子公司跟投制度，并对获配股份设定限售期。

"我们在开拓科创板项目时，明显感受到很多发行人对券商资本实力很看重，普遍都会问保荐机构准备了多少资金去跟投。从理论上讲，科创板就是利好头部券商，小券商很难说服发行人选择其作为保荐机构。"上述保代人表示。

多家大型券商都拿出数十亿元自有资金做跟投科创板项目之用。"一家企业跟投 5000 万到 8000 万元的话，也就只能投几十个项目，但科创板市场肯定不只几十家的容量，科创板企业会越来越多，对券商的资本实力要求越来越高。"有资深投行人士表示。

案例点评：科创板具有独特的发行上市制度，对保荐人开展业务提出了新的挑战与要求。允许保荐人跟投，是在保荐合同之外对保荐人的激励和约束，是除了法律和监管手段之外，通过保荐人与发行人风险共担机制督促中介机构勤勉尽责的市场化方法。

(资料来源：金融界文章《准备多少资金跟投？发行人竟对保荐机构如此"拷问"》，

https://baijiahao.baidu.com/s?id=1630325270868157341&wfr=spider&for=pc)

1. 作为券商，如何获取保荐承销客户？
2. 签订保荐协议时，双方如何确定合理的保荐承销费率水平？

实验十八　IPO 上市业务实训——上市路演

实验目的

熟悉上市路演的流程和内容，熟悉主承销商的项目责任人在路演中的作用，了解投资者如何通过路演判断公司的投资价值。

实验要求

制作企业宣传片、公司股票上市路演的视频 PPT、保荐人研究员撰写的投资价值报告，向投资者进行路演，与投资者进行交流与互动。

实验内容

对拟上市公司向投资者进行上市路演，回答投资者关于股票及公司发展的相关问题。

实验材料

(1) 证券实验室云桌面或路演显示屏。
(2) 企业宣传片。
(3) 路演 PPT。
(4) 投资价值报告。

实验步骤

上市路演是一系列股票发行推介活动的总称，根本目的是促进股票成功发行。路演过程中，企业及保荐机构在主要的路演地对可能的投资者进行巡回推介活动，加深投资者对即将发行的股票的认知程度，并从中了解投资人的投资意向，发现投资需求和价值定位，确保股票的成功发行。

路演分为两个环节：第一类是针对询价对象的路演，在询价、定价之前，包括：①一对一路演，即于北京、上海、深圳、广州拜会机构投资者，进行一对一的沟通和推介。②三地公开路演，在询价、定价之后，网下配售和网上发行之前。通常于北京、上海、深圳召开路演推介会议，公开邀请机构投资者参加。第二类是网上路演。网上路演就是企业上市相关高管、保荐团队代表通过网上投资者互动平台回答股民在网上的针对 IPO 的各种提问。本实验内容将两个环节路演内容进行了整合，但顺序安排在询价之前。

一、分组

10 人分成一组，推选组长 1 人，组长进行分工，包括发行公司的董事长、总经理、财务负责人、董事会秘书，主承销商的项目团队 4 人(包括主持人 1 名、路演主讲人 1 名、材料制作 2 名)，财经公关 2 名，组长将分工情况汇总上报老师。

二、路演材料制作和会场准备

(1) 企业制作企业宣传片和路演 PPT 总体情况、技术、产品、市场、财务状况、预计募集资金的数量及募集资金投向、盈利预测等。

(2) IPO 项目组 1 人调查及介绍公司估值及估值依据，制作成文档资料，形成投资价值报告；1 人制作 PPT，内容主要围绕商业模式和投资价值、投资依据等。

(3) 财经公关负责会场布置，PPT 导入，材料分发等组织工作。

三、路演实施(每组不超过 20 分钟)

(1) 介绍到场嘉宾。

除发行人和保荐人相关人员外，还包括以下人员：

一对一路演和三地公开路演涉及人员较少，主要包括基金经理、行业研究员，层级更高的包括挂着诸如投资总监之类高大上头衔的精英，层级低的包括各种实习生。

网上路演主要面向个人投资者，人数较多。

(2) 公司负责人(董事长、财务总监、总经理等)介绍公司状况及上市宣传。

(3) 保荐人介绍公司估值及估值依据和询价规则。

(4) 现场提问环节，其他组成员作为投资者进行提问，财经公关负责收集问题，交由相关负责人进行解答，公司财务、业务、发展展望等问题由发行人回答，估值和询价问题由保荐人回答。

四、投票

通过雨课堂投票选出自己认为最有投资价值的公司(不能选择自己所在的组)。

蚂蚁路演回放：估值高不高，4 倍 LPR 对借呗花呗影响有多大

2020 年 10 月 27 日下午，蚂蚁集团举行面向公众的网上投资者交流会，在 3 小时内回答近 200 个提问，涉及发行定价、公司估值、与阿里巴巴关系等问题。

1. 发行定价和估值

针对 A 股 68.80 元/股的发行价格，相关负责人表示，定价是由发行人和联席主承销商根据初步询价结果，综合考虑发行人基本面、市场情况、同行业上市公司估值水平、募集资金需求及承销风险等因素，协商确定本次 A 股发行价格为 68.80 元/股。

2. 战略投资者选择

蚂蚁集团本次发行的战略配售由联席保荐机构相关子公司跟投和其他战略投资者组成，跟投机构为中国中金财富证券有限公司和中信建投投资有限公司，其他战略投资者的类型为：与发行人经营业务具有战略合作关系或长期合作愿景的大型企业或其下属企业，具有长期投资意愿的大型保险公司或其下属企业、国家级大型投资基金或其下属企业以及以公开募集方式设立的证券投资基金。

3. 蚂蚁与金融机构关系

蚂蚁集团与金融机构不是竞争关系，而是合作共赢。蚂蚁的平台促成的贷款主要由金融机构合作伙伴独立发放。

4. 关于与阿里巴巴关系

蚂蚁集团保持独立的公司治理，蚂蚁集团上市后，阿里巴巴持股约 32%，享有对应股比的股东权利，并不具有其他特殊的权利。蚂蚁集团的董事会也不由阿里巴巴控制。蚂蚁集团在资产、人员、财务、机构和业务方面均保持独立性。

5. 关于主要行业可比公司

蚂蚁集团在中国以及全球范围内暂无直接可比公司。服务中国大部分互联网用户、以科技驱动的大型互联网平台公司等公司在提供的主要产品和服务、具体收入模式等方面与蚂蚁仍存在较大差异，因此其经营表现及财务数据与公司并不直接可比。

6. 4 倍 LPR 对借呗和花呗利率影响

4 倍 LPR 是关于民间借贷利率的规定。公司未来对客户分期定价会进行持续的优化升级，以保持核心竞争力。在 ABS 发行中蚂蚁集团会保持和金融机构的合作共赢，并在持续监管下推进 ABS 的滚动发行，相关发行符合监管要求。

案例点评：上市路演是投资者了解股票发行人的重要途径之一，通过面对面的交流，投资者可以增强对公司经营管理和投资价值的理解，一定程度上解决发行市场的信息不对称问题。对于发行人而言，信息披露是其首要义务，尤其是在注册制下，真诚交流、诚信回答是企业获得投资人支持的前提和投资者利益的重要保障，也是当今企业的社会责任。

（资料来源：蚂蚁路演回放：估值高不高 4 倍 LPR 对借呗花呗影响有多大，
https://baijiahao.baidu.com/s?id=1681701696197257199&wfr=spider&for=pc　新浪财经）

1. 什么样的企业具备投资价值？
2. 路演中投资者最关心的问题包括哪些？

实验十九　IPO 上市业务实训——询价

 **实验目的**

　　使用证券交易行为软件创建公司上市；熟悉上市公司证券代码、所属板块、品种、所属行业等基础知识；熟悉公司询价的流程。

IPO 上市业务实训——
询价.mp4

 **实验要求**

　　掌握创立公司、询价申请、初步询价和累计投标询价的步骤和具体操作方法，并填写如表 19-1 所示的实验报告。

表 19-1　公司询价实验报告

实验项目：公司询价实验		实验专业：	
实验参与人：		实验班级：	
实验账号：		实验角色：	
实验目的与原理：			
实验工具：			
实验操作：			

公司信息一览表

公司全称		公司简称	
法人代表		注册资本(元)	

询价申请单

证券名称		证券代码	
拟发行量(万股)		拟募集资金(万元)	
初步询价开始日期		初步询价结束日期	
累计投标开始日期		累计投标结束日期	
每股收益(元)		每股净资产(元)	
网下配售占比(%)			

初步询价结果			
询价对象		报　价	
……		……	
发行区间		市盈率区间	

累计投标结果		
询价对象	申报价格	申报数量
……		……

实验结果：　(是否通过审批及公司上市日期)

实验心得：

实验内容

利用希施玛证券交易行为模拟教学软件 V3.1 创立公司、询价申请、初步询价和累计投标询价。

实验材料

希施玛证券交易行为模拟教学软件 V3.1。

实验步骤

从目前首发公司的推介情况来看，发行人和保荐机构通常会选择北京、上海和深圳三个城市进行推介，分别采取一对一或一对多的形式与询价对象进行现场沟通，发行人和保荐机构有关人员回答机构投资者的问题。

首发股票询价的具体操作程序如下：

(1) 发行人刊登招股意向书，同时刊登初步询价公告，披露初步询价和推介的具体安排。

(2) 初步询价公告刊登后，保荐机构向参与初步询价的询价对象提供投资价值研究报告，询价对象在研究发行人内在投资价值和市场状况的基础上独立报价，并将报价依据和报价结果提交保荐机构。

(3) 初步询价结束后，发行人及其保荐机构根据询价对象的报价结果确定发行价格区间及相应的市盈率区间。

(4) 发行价格区间确定后，发行人及其保荐机构应将拟定的发行价格区间或发行价格及依据、初步询价结果公告及网下发行公告报中国证监会发行监管部备案。

(5) 发行价格区间报备后，发行人及其保荐机构刊登初步询价结果公告及网下发行公告。

(6) 累计投标询价和网下配售期间，保荐机构负责组织网下累计投标申购，接受申购报价单，冻结申购资金，进行簿记建档。网上资金申购定价发行与网下配售同时进行，即在网下配售阶段，询价对象以外的投资者可以通过证券交易所的交易系统申购发行人的股票。

(7) 保荐机构聘请具有证券从业资格的会计师事务所对申购冻结资金进行验资，并出具验资报告；同时还需聘请律师事务所对询价对象的询价、配售行为是否符合法律法规及《证券发行与承销管理办法》的规定等进行见证，并出具专项法律意见书。

(8) 申购缴款结束后，保荐机构对申购结果进行分析，并与发行人协商确定发行价格和发行股数，发行人及其保荐机构应将发行价格及其确定依据报中国证监会发行监管部备案。

(9) 发行价格报备后，发行人及其保荐机构对发行价格以上的全部有效申购进行同比例配售。配售比例为拟向询价对象配售的股份数量除以发行价格以上的有效申购总量。

(10) 股票配售完成后，发行人及其保荐机构刊登网下配售结果公告。

下面以"以渔有方"为例介绍询价的实验步骤。

一、实验参数设置

登录以渔有方，进入交易所管理员页面(见图 19-1)。

图 19-1 证券交易行为模拟教学软件"交易所管理员"首页

在证券交易行为模拟教学软件中的"交易所管理员-交易所参数设置"处进行实验参数设置，可以设置交易所的交易时间参数(见图 19-2)、品种名称参数(见图 19-3)。

图 19-2　交易时间管理窗口

图 19-3　品种名称及相关参数管理界面

在"交易所管理员-证券参数设置-证券交易规则管理"处设置交易规则相关参数(见图 19-4)。

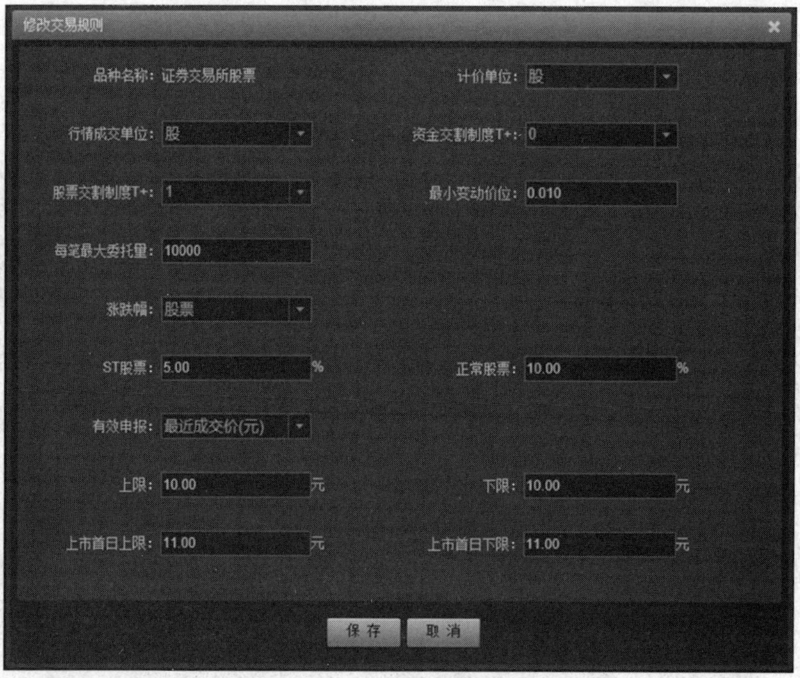

图 19-4　交易规则相关参数管理界面

二、创建公司

单击左上角,将系统角色切换至"证券公司管理员"。

在证券公司管理员界面,单击页面左侧"申请递交-创建公司",出现创建公司页面

(见图 19-5)。

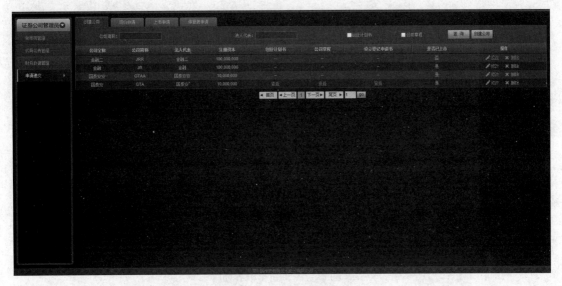

图 19-5　创建公司页面

填写公司全称、公司简称、法人代表、注册资本的必填项以及创业计划书、公司章程、设立登记申请书的选择填写项目，单击"保存"按钮，完成公司的创建(见图 19-6)。

图 19-6　创建公司界面

填写注意事项注释：注册资本不低于 500 万元。

三、询价申请

在证券公司管理员界面，单击页面左侧"申请递交–询价申请"，对于已创建的公司，可以在"询价申请"界面下，对其进行询价申请。

单击"询价申请"，填写：证券代码、拟发行量、拟募集资金、初步询价开始日期、初步询价结束日期、累计投标开始日期、累计投标结束日期、网下配售占比、每股收益、每股净资产等必填信息，以及"招股意向书"选填信息。单击"保存"按钮，完成询价申请(如图 19-7)。

单击代码，可以查看对应询价公告(在交易员端证券申购处也可查看)。

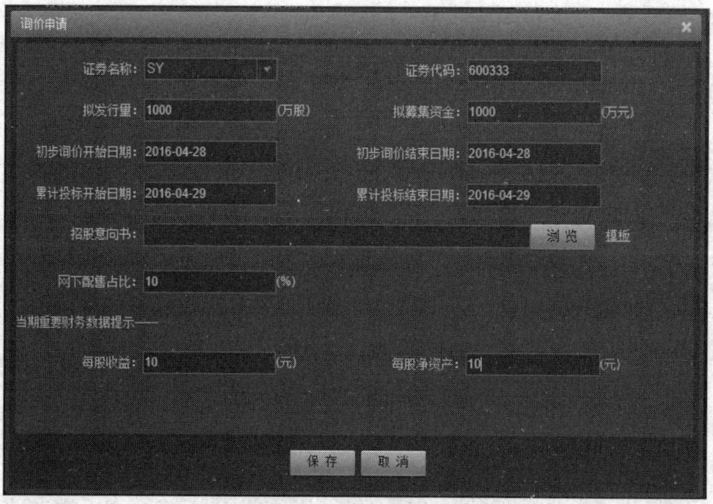

图 19-7 询价申请界面

四、初步询价

在证券公司管理员界面，单击页面左侧"申请递交-询价申请-进度助手"界面，对于已发起询价申请的公司，可以在"进度助手"界面下，选择相应的证券代码，单击"初步询价"阶段，使其快速进入"初步询价阶段"(见图 19-8)。

注：使用进度助手，流程进度不可逆。

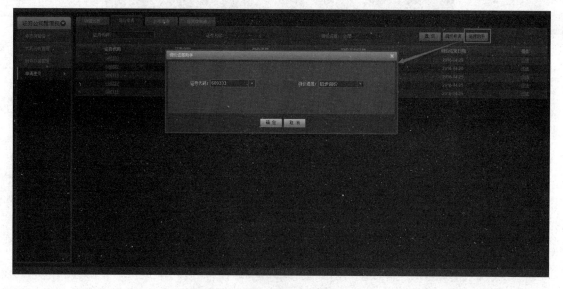

图 19-8 进度助手-初步询价界面

股票进入初步询价阶段，已有交易员可以参与初步询价(见图 19-9)。

图19-9 初步询价参与界面

注：非创建公司的证券公司管理员名下的交易员才可以参与初步询价；且参与初步询价的交易员数量可以为0或者多个。

初步询价时间结束后，系统会参考所有交易员的报价自动计算出发行区间与市盈率区间。

五、累计投标

所有交易员"初步询价"申报结束后，在证券公司管理员界面，单击页面左侧"申请递交-询价申请-进度助手"界面，对于已经结束初步询价的公司，可以在"进度助手"界面下，选择相应的证券代码，单击"累计投标"阶段，使其快速进入"累计投标阶段"(见图19-10)。

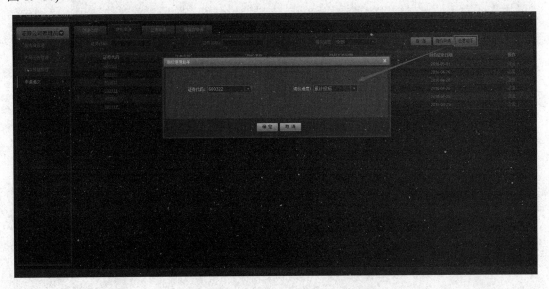

图19-10 进度助手-累计投标界面

注：使用进度助手，流程进度不可逆。

股票进入累计投标阶段，已有交易员可以参与累计投标(见图 19-11)。

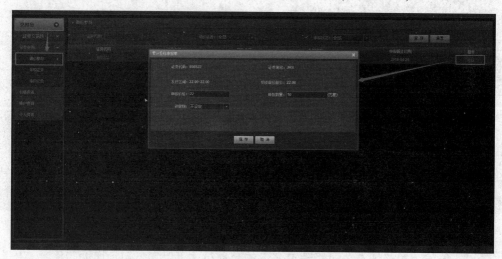

图 19-11　累计投标参与界面

注：只有参与过"初步询价"的交易员才可以参与"累计投标"；未参与过"初步询价"的交易员的询价参与列表不显示任何可询价项。

累计投标时间结束后，系统会自动计算出发行价格与市盈率，并模拟真实市场的询价规则，产生"有效配售对象列表"。

六、询价结束

所有交易员"累计投标"申报结束后，在证券公司管理员界面，单击页面左侧"申请递交-询价申请-进度助手"界面，对于已经结束初步询价和累计投标的公司，可以在"进度助手"界面下，选择相应的证券代码，单击"询价结束"阶段，使其快速进入"询价结束阶段"(见图 19-12)。

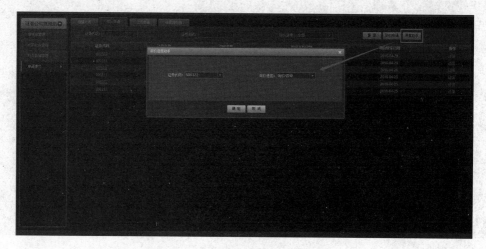

图 19-12　进度助手-询价结束界面

"询价结束"之后，单击"详情"，可以查看交易员报价及申报明细(见图 19-13 和图 19-14)。

图 19-13　初步询价详情界面(1)

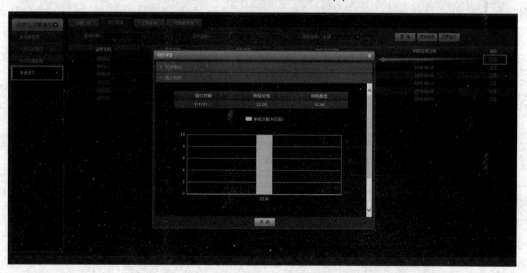

图 19-14　初步询价详情界面(2)

 思政融入案例

询价难！直接定价更香么？IPO 估值被哪些因素影响

发行后 PE 达 56.42 倍，比同行业都高，海融科技现身说法告诉拟 IPO 上市企业们，直接定价可能更香。

然而，直接定价也需要满足相关条件，一级市场越来越是买方情况下，拟 IPO 上市企业们在定价方面需要动用的心思要越来越多了。

2020 年 11 月，创业板新股海融科技发布的公告显示，公司采用网上按市值申购向社会公众投资者直接定价发行确定的发行价格为 70.03 元/股，发行后 PE 为 56.42 倍。按此发行价格计算，本次 IPO 公司预计募集资金总额为 105 045.00 万元。海融科技创下了食品行业今年 IPO 最高估值。

与其他公司不同，海融科技是唯一一家直接定价发行的公司。

《深圳证券交易所创业板首次公开发行证券发行与承销业务实施细则》第八条指出，"首次公开发行证券采用直接定价方式的，发行人和主承销商向本所报备发行与承销方案时，发行价格对应的市盈率不得超过同行业上市公司二级市场平均市盈率；已经或者同时境外发行的，直接定价确定的发行价格不得超过发行人境外市场价格。如果发行人与主承销商拟定的发行价格高于上述任一值，或者发行人尚未盈利的，发行人和主承销商应当采用询价方式发行"。

海融科技在发行公告书中表示，最近一个月行业的静态市盈率为 58.83 倍，而公司发行后 PE 仅为 56.42 倍，满足要求。

询价方式下，对 IPO 公司的定价并无太多限制。《创业板首次公开发行证券发行与承销特别规定》第八条指出，"发行人和主承销商询价确定的发行价格对应市盈率超过同行业可比上市公司二级市场平均市盈率，或者发行价格超过境外市场价格，或者发行人尚未盈利的，应当在网上申购前发布投资风险特别公告，详细说明定价合理性，提示投资者注意投资风险"。

然而，实际结果却是未进行限制的询价发行估值远不及直接定价估值，以同属创业板，食品制造业的科拓生物举例。当时行业平均市盈率为 47.10 倍，而公司最终定价估值为 22.99 倍，相差甚远。

原因何在？这可能与注册制下，新股供应不断增加，机构们越来越"贼"，报价更低有关。供应的增加，使得影响新股定价的稀缺性话语权不断减弱，一级市场越发成为买方市场。

可以想见的是，随着注册制改革的不断深化，拟 IPO 公司们合理传达公司价值，在发行定价时掌握更多主动权，在未来将成为越来越重要的问题。

案例点评：询价制度通过初步询价和累计投标询价确定发行价格，可以确保公司估值相对合理，但在 IPO 供给大幅增加的情况下，询价对象话语权增强，有压低公司估值的倾向。注册制改革后，创业板公司在满足一定条件下可自主定价，掌握了定价的主动权，但这也可能导致公司价值高估，给投资者带来风险。如何在审慎监管的前提下，确保 IPO 定价更加市场化、合理化，是值得研究的课题。

(资料来源：询价难！直接定价更香么？IPO 估值被哪些影响，雪球：
https://xueqiu.com/4393337944/163616127)

 **实验思考**

1. 询价受哪些因素影响？
2. 谈谈你对询价与直接定价利弊的认识。

实验二十 IPO 上市业务实训——股票上市

 **实验目的**

熟悉公司 IPO 的流程；熟悉公司在主板、中小板、创业板上市的条件；认识企业上市的利和弊；掌握新股申购的流程。

IPO 上市业务实训——
股票上市.mp4

 **实验要求**

利用证券交易行为软件进行公司 IPO 申请和新股申购，并填写如表 20-1 所示的实验报告。

表 20-1 公司上市申请实验报告

实验项目：公司上市申请实验		实验专业：	
实验参与人：		实验班级：	
实验账号：		实验角色：	
实验目的与原理：			
实验工具：			

实验操作：

上市申请单

证券代码		拼音简称	
证券名称		法人代表	
发行方式		拟募集资金	
本次发行量		网下配售比例(%)	
发行价格		网上申购比例(%)	
申购名称		所属行业	
所属板块		所属品种	
所属交易所			

实验结果：(是否通过审批及公司上市日期)

实验心得：

实验内容

公司上市申请和新股申购。

实验材料

希施玛证券交易行为模拟教学软件 V3.1。

实验步骤

一、股票上市申请

下面以希施玛证券交易行为模拟教学软件 V3.1 为例进行介绍。

(一)上市申请

在上市申请中，分为三种上市渠道，分别是首次上市、增发上市以及配股上市。

在"证券公司管理员-申请递交-上市申请"界面，单击"上市申请-首次上市"按钮，弹出以下申请单：此上市类型只能选择已询价结束(初步询价和累计投标结束)但从未上市过的证券代码，并对该代码补充上市信息，保存后提交至交易所管理员处进行审批并确认上市日期(见图 20-1)。

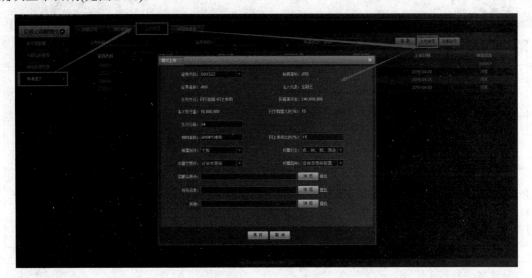

图 20-1　首次上市界面

(二)上市审批

交易所管理员可以对证券公司管理员提交的上市申请进行审批("同意"或"拒

绝"），如"同意"，则需要安排上市日期，同时，对审批理由进行描述(见图 20-2)。

图 20-2　上市申请审批界面

　　注：如申请类型为首次上市，则要求上市日期距离当前日期至少间隔 4 个交易日。

二、新股配售

　　交易所管理员对"上市申请"进行审批之后，选择证券公司管理员角色，单击左侧"申请递交-上市申请-时间助手-首次上市"，选择相应的证券代码，选择"上市进度-开始配售"，使其快速进入"配售阶段"，其他交易员可以参与新股配售(见图 20-3)。

图 20-3　上市进度-开始配售审批界面

　　注：进度助手单击"开始配售"之后，后台会自动重启清算。
　　此时，该股票进入"新股配售"阶段，其他交易员可以参与配售(见图 20-4)。

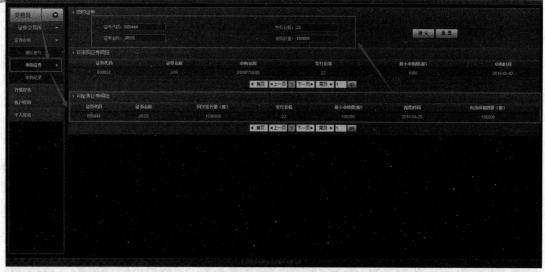

图 20-4　配售参与界面

注：只有参与过"初步询价"和"累计投标"的交易员才能参与"配售"。

"配售"成功后会出现提示语，可查看"申购记录"(见图 20-5)。

图 20-5　申购记录窗口

注：申购中签率会在股票上市当天显示中签数量。

三、新股申购

(一)新股申购规则

2016 年开始，A 股新股发行按新规申购，主要包括取消新股申购预先缴款制度，改为新股发行采用市值申购的方法，投资者只有市值就能申购，中签之后才缴款，强调新股申购自主决策、自担风险、自负盈亏，券商不得接受投资者全权委托申购新股。具体来说投资者申购新股发行的流程如下：

(1) T-2 日投资者确定市值及可申购额度。

投资者申购新股需满足一定市值标准。"市值"是指投资者持有的"非限售 A 股股份市值"，因此，投资者持有的 ETF、封闭式基金、B 股股份、债券以及将来持有的优先股的市值，不计入该投资者用于申购新股的持有市值。如 T 日为申购日，投资者 T-2 日(含)前 20 个交易日日均必须至少持有 1 万元非限售 A 股市值才可申购新股，上海、深圳分开单独计算。沪市每 1 万元市值可以申购 1000 股(一个配号)，不足 1 万元的部分不计入新股申购额度。深圳每持有 10 000 元市值可申购 1000 股(2 个配号)，不足 5000 元的部分也不计入新股申购额度。

假设投资者在 20 个交易日内，有一个交易日的持股市值为 20 万元，其余时间没有，那么新股申购额度为 20 万/20=1 万元，可申购 1000 股，沪市 1 个配号，深市 2 个配号。如果在 20 个交易日内，有一天的持股市值为 10 万元，其余时间没有，那么新股申购额度为 10 万/20=5000 元，不满足最低 1 万元市值的条件，不能申购新股。

投资者可以通过股票软件查看新股申购额度，每只新股的顶格申购额度、所需的市值信息，在新股申购一栏也可以看到。如果客户没有足够的持有股票市值，新股申购额度就会显示为零。

(2) T-1 日刊登申购公告，确定发行价格。

(3) T 日投资者申购。

投资者在指定的申购时间内通过与证券交易所联网的证券营业部，根据发行人发行公告规定的发行价格和申购数量进行申购委托。客户申购时无须缴付认购资金。

(4) T+1 日，摇号抽签、公布中签率。

① 当有效申购总量小于或等于该次股票上网发行量时，投资者按其有效申购量认购股票。

② 当有效申购总量大于该次股票发行量时，则由上海证券交易所交易系统主机自动按每 1000 股(深圳证券交易所每 500 股)可以执行有效申购确定为一个申购号，连续排号，通过摇号确定中签申购号，每一中签申购号认购 1000 股。

通过摇号抽签，确定有效申购中签号码，每一中签号码认购一个申购单位新股。

(5) T+2 公布中签结果、投资者缴款。

T+2 日确认中签后投资者需确保 16:00 有足够资金用于新股申购的资金交收。客户中签但未足额缴款视为放弃申购，连续 12 个月累计 3 次中签但放弃申购者，自最近一次放弃申购次日起 6 个月(按 180 个自然日计算，含次日)内不得参与网上新股申购。

(二)实盘操作示例

(1) 打开软件，查询自己的新股申购额度，如图 20-6 所示。

(2) 输入申购代码、申购数量，单击"买入"按钮就可以了，如图 20-7 所示。

(3) 在查询处可单击"当日委托"，看到自己的申购情况，如图 20-8 所示。

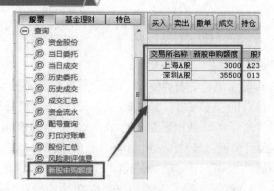

图 20-6　查询新股申购额度界面

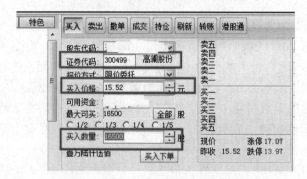

图 20-7　新股申报界面

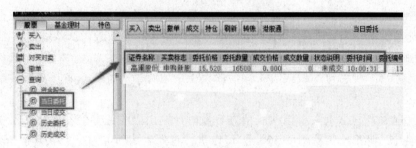

图 20-8　当日委托界面

(三)证券交易行为软件模拟申购流程

交易员参与"配售"后,登录证券公司管理员角色,单击左侧"申请递交-上市申请-时间助手-首次上市",选择相应的证券代码,选择"上市进度-开始申购",使其快速进入"申购阶段",其他交易员可以参与新股申购(见图 20-9)。

此时,该股票进入"新股申购"阶段,其他交易员可以参与申购(见图 20-10)。

注:未参与过"初步询价和累计投标"的交易员才能参与"申购"。

"申购"成功后会出现提示语,可查看"申购记录"(见图 20-11)。

注:申购中签率会在股票上市当天显示中签数量。

图 20-9　进度助手-开始申购界面

图 20-10　申购参与界面

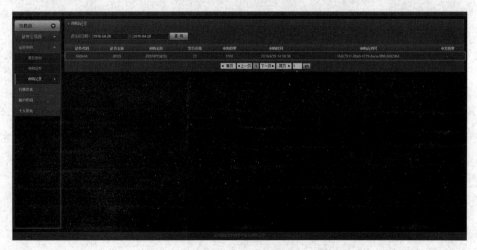

图 20-11　申购记录界面

 思政融入案例

蚂蚁金服暂缓上市

2020 年 11 月 3 日晚，上交所官网宣布，决定暂缓蚂蚁科技集团股份有限公司科创板上市。11 月 3 日 22 时 24 分，蚂蚁集团发布《致投资者》一文回应"暂缓上市"。全文如下：

尊敬的投资者：

蚂蚁集团于今日接到上海证券交易所通知，暂缓在上海证券交易所 A 股上市计划。受此影响，蚂蚁决定于香港联交所 H 股同步上市的计划也将暂缓。对由此给投资者带来的麻烦，蚂蚁集团深表歉意。我们将按照两地交易所的相关规则，妥善处理好后续工作。

稳妥创新、拥抱监管、服务实体、开放共赢，会让蚂蚁集团经得起考验和信任。我们会坚持我们的初心和使命，继续用我们的热情、专业、担当，致力于为广大小微企业和大众消费者做好服务。有关发行上市的下一步进展我们将与上海证券交易所及监管部门保持密切沟通，并及时披露相关情况。

近期，围绕金融监管与创新引发的议论，引起监管层关注。顶着史上最强、本年度全球最大 IPO 之名的蚂蚁集团，被暂缓上市了，一石激起千层浪。

蚂蚁集团上市按下"暂停键"，引发境内外一些人士的猜测和议论。监管部门秉持资本市场"公开公平公正"原则，发现问题、正视问题，就要坚决纠正问题、解决问题。蚂蚁集团已完成上市定价，可谓全民关注，参与初步询价的投资者众多，涉及数以百万计的股民的切身利益。暂缓蚂蚁集团上市，正是为了更好地维护金融消费者权益，维护投资者利益，维护资本市场的长期健康发展。蚂蚁集团当务之急是按监管部门的要求，切实抓紧整改。

维护投资者特别是中小投资者合法权益，是资本市场监管层的根本职责。暂缓蚂蚁集团上市，是依据注册制相关规定，要求拟上市企业在增加信披透明度方面做出实际行动，以切实维护金融市场健康稳定发展。相关企业应该在依法经营、防范风险、社会责任等各方面都作出表率。

案例点评：只有投资者的合法权益得到更好保护，优质上市公司才能在资本市场上获得更多资源支持，中国资本市场才能持续健康发展。此事彰显了资本市场的严肃性，向市场发出明确信号：注册制下，资本市场每个环节都有完善的市场规则、严肃的监管手段。市场各参与主体必须尊重规则、敬畏规则，谁也不能例外。

(资料来源：重磅信号！蚂蚁金服暂缓上市_集团，https://www.sohu.com/a/429871004_120296264,

搜狐财经)

 实验思考

1. 请思考企业上市的利弊。
2. 请谈谈你对 A 股打新热的认识。

实验二十一 经纪业务实训——自然人开户

 **实验目的**

证券经纪业务是指证券公司通过其设立的证券营业部，接受客户委托，按照客户要求，代理客户买卖证券的业务。证券经纪业务是随着集中交易制度的实行而产生和发展起来的。由于在证券交易所内交易的证券种类繁多，数额巨大，而交易厅内席位有限，一般投资者不能直接进入证券交易所进行交易，故此只能通过特许的证券经纪商作中介来促成交易。本实验通过设置自然人开立证券账户的实训任务，使学生掌握自然人开立证券账户的规则与流程，能够在实践中利用证券投资进行理财。(注：本实验以股票开户为主介绍。基金开户在实验六中介绍)

经纪业务实训——
自然人开户.mp4

 **实验要求**

(1) 任意选择一家证券公司，进行免费开户。
(2) 填写个人开户申请书(见图 21-1)。

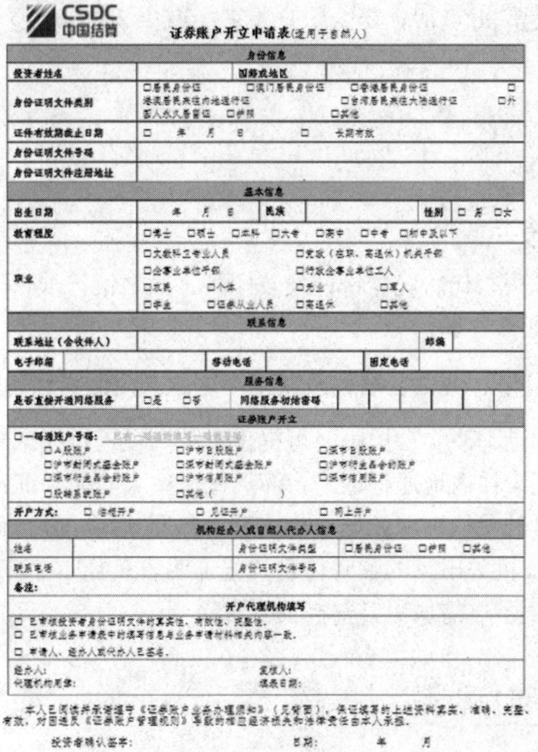

图 21-1 证券账户开立申请表(示意)

(3) 获得中国永久居留资格的境外自然人，在申请开立证券账户时，要提交申请材料。

(4) 科创板在自然人开户时提交申请材料。

 **实验内容**

利用模拟交易软件进行自然人开户模拟实验。

 **实验材料**

深圳希施玛 VE 竞赛管理系统-竞赛端。

 **实验步骤**

开户，即一个投资者分别开立证券账户和开立资金账户两个账户。证券账户用来记载该投资者所持有的证券种类、数量和相应的变动情况，资金账户用来记载和反映该投资者买卖证券的货币收付和结存数额。

开立了证券账户和资金账户后，投资者买卖证券所涉及的证券、资金变化就会在相应的账户中得到反映。例如，某投资者买入华谊兄弟(股票代码 300027)的股票 3000 股，包括股票价格和交易税费的总费用为 30 000 元，则该投资者的证券账户上就会增加华谊兄弟(股票代码 300027)的股票 3000 股，资金账户上就会减少 30 000 元。

一、开户指引

(一)现场开户

1. 境内自然人投资者

携带中华人民共和国二代居民身份证及复印件、同名银行卡(银行卡用于进行三方存管关联)前往招商证券营业部办理。

2. 境内工作生活的港、澳、台居民及获得中国永久居留资格的境外自然人

在境内工作生活的港、澳、台居民，可提供以下两项资料任意一项。

(1) 使用港澳居民来往内地通行证、台湾居民来往大陆通行证：

① 境内机构出具的就业证明及该机构的营业执照或统一社会信用代码复印件(均需加盖单位公章)，或者公安机关出具的临时住宿登记证明表及复印件等能够证明该投资者在大陆工作生活的书面证明材料(需加盖公安机关公章)；

② 同名银行卡。

(2) 使用港澳台居民居住证：

① 同名银行卡；

② 无须提交工作生活书面证明材料。

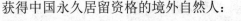

获得中国永久居留资格的境外自然人：

需携带《外国人永久居留证》、同名银行卡前往证券营业部办理。

(二)非现场开户

1. 适用范围

(1)　网上开户：适用于境内自然人投资者。

①　PC 版网上开户。

客户登录方式：登录某证券官网首页，单击"我要开户"→"网上自助开户"栏目。

②　手机开户。

手机开户 App 下载方式：

(a) 通过发送短信至证券公司官方电话，获取程序下载链接。

(b) 关注"某证券"微信公众号，点击微信页面下方的"开户"栏目，获取开户程序下载链接。

(c) 登录某证券官网"我要开户"→"手机自助开户"栏目，通过扫描二维码，获取开户程序下载链接。

(d) 通过苹果 App STORE 搜索"某手机开户"，通过安卓市场搜索"某手机开户"等关键字，下载客户端程序。

(2)　见证开户：适用于境内自然人投资者及机构投资者；在境内工作生活的港、澳、台居民及获得中国永久居留资格的境外自然人开立我司资金账户及 A 股证券账户。办理方式：某证券公司客户经理将与投资者联系，并约定开户地点、时间，为投资者提供服务。

2. 佣金收费标准公告

自 2016 年 5 月 25 日起，**以招商证券公司为例**，对于新开户的投资者，佣金费率执行如下标准。

(1)　A 股、B 股、基金、权证交易的佣金费率标准均为 0.6‰。

注：A 股、证券投资基金每笔交易佣金不足 5 元的，按 5 元收取；B 股每笔交易佣金不足 1 美元或 5 港元的，按 1 美元或 5 港元收取。以上佣金费率均包括代收证券交易监管费、证券交易所经手费、风险金。

(2)　港股通业务的佣金费率标准为 3‰。

注：以上佣金费率不包括印花税、交易征费、交易费、交易系统使用费、股份交收费、证券组合费，上述费用另行收取。

(3)　特定交易渠道的佣金费率标准以该渠道开户时的具体执行标准为准。

注：A 股、证券投资基金每笔交易佣金不足 5 元的，按 5 元收取；B 股每笔交易佣金不足 1 美元或 5 港元的，按 1 美元或 5 港元收取。以上佣金费率均包括代收证券交易监管费、证券交易所经手费、风险金。

二、证券账户的种类

在我国，证券账户可以按照不同的标准来分类。

按市场不同，将证券账户分为：上海证券账户和深圳证券账户。

按可交易的对象不同，将证券账户分为：A 股股票账户；B 股股票账户；基金账户；股份转让账户；其他账户。

其中，A 股股票账户可以买卖 A 股股票及其权证、基金、债券、回购等；B 股股票账户可以买卖 B 股股票等；基金账户可以买卖证券交易所挂牌上市的基金、国债、可转债等；股份转让账户可以买卖三板 A 股股票和 B 股股票；其他账户由上海、深圳证券登记公司为特定投资人开立。

三、开户过程中的相关注意事项

1. 如何开设 A 股证券账户？费用如何？

境内自然人开户请携带本人的有效身份证明文件及复印件。境内机构开户人请提供以下资料：

(1) 营业执照或注册登记证书原件及复印件，或加盖发证机关确认章的复印件；

(2) 法定代表人证明书；

(3) 法定代表人授权委托书；

(4) 法定代表人身份证复印件；

(5) 经办人身份证原件及其复印件。

资料齐全后，填写开户申请表(一式两份)、《证券交易委托代理协议书》、上海账户的《指定交易协议书》，同时签字确认。对交易或存取款有代理人的客户开户，除必须填写上述协议外，还要求客户本人和代理人同时临柜签署《授权委托书》(一式三份)。若证券账户卡本人不能到场的，由开户代理人办理代开户时，开户代理人还须出示经公证机关依法公证的《授权委托书》，账户本人应承诺承担由此代理而产生的一切法律责任。

验证：客户需提供本人身份证、沪深股东账户卡原件。对交易或存取款有代理人的客户开户，除必须提供上述证件外，还应提供代理人的身份证原件及复印件。

开户处理：对符合开户规定的客户，柜台经办人员将客户开户资料输入计算机，并要求客户设定初始交易密码、资金存取密码，打印《客户开户回单》(一式两份)。同时，柜台经办人员按开户流水号为客户开立资金账户号，并为客户配发"证券交易卡"，请客户在《客户开户回单》签字。

开户人在交易时间(9:00—11:30，13:00—15:00)到证券营业网点业务柜台办理包括上海、深圳的股东账户及资金账户的开户手续。上海股东账户开户费个人 40 元，机构 400 元；深圳股东账户开户费个人 50 元，机构 500 元。

2. 如何开设 B 股证券账户？费用如何？

首先，请到银行将外币存款(上海美元、深圳港币)划入证券公司在同城、同行的 B 股保证金账户。银行会出具进账凭证单，进账单备注栏应注明开户人的姓名。

其次，请携带开户人有效身份证明文件和本人进账凭证单到证券公司营业网点申请开立 B 股股票账户和资金账户。

如果已在其他券商处开户，需要先到原券商处撤销上海指定交易；原账户上如有深圳

B 股，还应办理转托管手续。上海 B 股账户开户费个人 19 美元，机构 85 美元；深圳 B 股账户开户费个人 120 港元，机构 580 港元。

3. 如何开设三板市场股份转让账户？费用如何？

开户人带上本人的身份证及复印件在交易时间(9:00—11:30，13:00—15:00)到证券营业网点业务柜台签署代办股份转让协议书，已有股票账户的客户要到开户营业部开通，同时还需出示上海、深圳的股东账户卡和资金卡。股东账户开户费 30 元，确权手续的办理费 10 元。

4. 投资者开户时应提供的有效身份证明文件包括哪些？

境内自然人投资者的有效身份证明文件为中华人民共和国居民身份证。

境内法人投资者的有效身份证明文件为工商营业执照、社团法人注册登记证书、机关事业法人成立批文等。

境外自然人投资者的有效身份证明文件为所在国家或地区的护照或身份证明、境外其他国家或地区永久居留签证的中国护照；香港、澳门特区居民身份证，台湾同胞台胞证等。

境外法人投资者的有效身份证明文件为所在国家、地区有效商业登记证明文件等。

5. 上海、深圳证券账户可以互用吗？

不可以。《中国证券登记结算公司证券账户管理规则》第 3.1 条规定："证券账户按类别分为上海证券账户和深圳证券账户。上海证券账户用于记载在上海证券交易所上市交易的证券，以及本公司认可的其他证券；深圳证券账户用于记载在深圳证券交易所上市交易的证券，以及本公司认可的其他证券。"因此，投资者买卖上海证券交易所上市的证券必须使用上海证券账户；买卖深圳证券交易所上市的证券只能使用深圳证券账户。

6. 投资者已经开立了基金账户后还可以开立 A 股股票账户吗？已经开立了 A 股股票账户后还可以开立基金账户吗？

《中国证券登记结算公司证券账户管理规则》第 3.6 条规定："一个自然人、法人可以开立不同类别和用途的账户。但是对于同一类别和用途的证券账户，一个自然人、法人只能开立一个。"

基金账户和 A 股股票账户属于不同类别的账户，因此投资者可以同时开立基金账户和 A 股股票账户。但是两类账户在用途上有重复，通过 A 股账户也可以买卖基金，建议投资者在开立 A 股股票账户后不必再开基金账户。

7. 金融机构如何开立证券账户？

根据《中国证券登记结算公司证券账户管理规则》的规定，金融机构，包括商业银行、信用社、证券公司、证券投资基金、保险公司、信托公司开立自用(营)证券账户只能由中国证券登记结算公司上海、深圳分公司办理，其他开立代理机构一律不得受理。

8. 上海、深圳证券账户配号有哪些规律？

上海证券账户配号规律如表 21-1 所示，其中，x 代表 0～9 之间的一位数字。

表 21-1 上海证券账户配号规律

上海证券账户号	解　释
Axxxxxxxxx	境内个人投资者 A 股账户
Bxxxxxxxxx	境内一般机构法人 A 股账户
Dxxxxxxxxx	境内金融类公司自营 A 股账户
C9xxxxxxx	境外个人、机构法人 B 股账户
C10xxxxxx	境内个人投资者 B 股账户
Fxxxxxxxxx	境内个人、机构法人基金账户

深圳证券账户配号规律如表 21-2 所示，其中，x 代表 0～9 之间的一位数字。

表 21-2 深圳证券账户配号规律

深圳证券账户号	解　释
001xxxxxxx	基金证券账户
00yxxxxxxx	2001 年 11 月前开立的境内个人 A 股证券账户(y 为 0～9 之间不等于 1 的一位数字)
01xxxxxxxx	2001 年 11 月后开立的境内个人 A 股证券账户
08xxxxxxxx	境内法人机构 A 股证券账户
20xxxxxxxx	投资者 B 股账户
4xxxxxxxxx	股份转让账户

9. 如何办理网上预约开户？

首先，客户开户申请。客户在开立个人资金账户后，阅读《网上证券委托交易协议书》(一式两份)并签字，填写《开户申请表》各两份。如未开立资金账户须先行开立资金账户(见前文开户操作流程)。

其次，验证。客户需提供本人的证券账户、身份证原件及复印件各一份。如有委托代理的，委托代理人还必须提供身份证及复印件。

最后，开户处理。对符合开户规定的客户，柜台开户人员向客户发放网上交易的 CA 证书(客户应注意及时修改证书使用密码)，请客户在《客户开户回单》签字。

10. 证券账户开立成功后何时可以用于买卖证券？

在新证券账户启用时间上，上海证券交易所和深圳证券交易所的规定如下：

上海 A 股证券账户在启用前必须办理指定交易，在实时开户配号的第二个工作日(T+1日)，投资人可申请指定交易，指定交易成功后即可买卖证券，并于 T+2 日起可以申请办理登记业务。上海 B 股 C1xxxxxxxx 账户在启用前必须指定交易，在实时开户配号当日即可申请指定交易，指定交易成功后 T+1 日方可买卖证券，上海 B 股 C9xxxxxxxx 账户启用前可通过指定交易或修改柜台指定交易状态，在实时开户配号次日方可买卖证券。

深圳证券账户在开立成功后当日即可使用，登记业务当日即可办理。

11. 作为获得中国永久居留资格的境外自然人，在申请开立证券账户时，需提交的材料有哪些？

(1)　《证券账户开立申请表》。

(2)　投资者有效身份证明文件(外国人永久居留证)及复印件。

(3)　委托他人代办的，还须提供经公证的委托代办书、代办人有效身份证明文件及复印件。

12. 投资者参与科创板股票交易，开立账户的流程是什么？

投资者参与科创板股票交易，应当使用沪市 A 股证券账户。符合科创板股票适当性条件的投资者仅需向其委托的证券公司申请，在已有沪市 A 股证券账户上开通科创板股票交易权限即可，无须在中国结算开立新的证券账户。

 **思政融入案例**

1992 年 6 月 3 日上午 9 时 30 分左右，裔某与方某分别在浙江省证券公司上海营业部处填写了买入有价证券委托单，二人委托证券公司当日买入"二纺机"股票 100 股。其中裔某委托买入的单价最高为每股 215 元，方某委托买入的单价最高为每股 216 元。证券公司按照委托人要求，于 9 时 40 分左右，通过自己驻上海市证券交易所的交易员向该所做了申报。当天下午 1 时 20 分左右，中国经济开发信托公司上海证券业务部接受股民的委托，于当日卖出"二纺机"股票 2000 股，委托卖出单价最低为每股 222 元，但中经上证在通过其交易员向上海市证券交易所申报时，电脑操作失误，将每股 222 元的卖出单价误输入为每股 22 元卖出。1 时 55 分左右，该股卖出单价分别与裔某和方某的委托买入配对成交。根据当时按买卖申报价的中间价成交的方式，裔某成交单价为每股 118.5 元，方某的成交单价为每股 119 元。十几分钟后，中经上证发现申报失误，遂向被告及上海市证券交易所提出撤销成交申请。

案例点评：证券公司的义务之一是遵守证券行业自律规定，尽职尽力，为客户提供服务，因证券公司自己的过错或疏忽而导致证券投资者的损失，触发率或当事人特别有约定外，证券公司应承担一切后果。此案例中，证券公司因自身失误导致经纪业务出现错误申报并为投资者造成了财产损失。理应接受惩罚。

(资料来源：闫敏.投资银行学(第三版)[D].科学出版社，2015)

 **实验思考**

1.　如何做一名合格的证券经纪人员？

2.　证券公司应该如何践行自己的社会责任？

实验二十二　经纪业务实训——法人开户

实验目的

　　证券经纪业务是指证券公司通过其设立的证券营业部，接受客户委托，按照客户要求，代理客户买卖证券的业务。证券经纪业务是随着集中交易制度的实行而产生和发展起来的。由于在证券交易所内交易的证券种类繁多，数额巨大，而交易厅内席位有限，一般投资者不能直接进入证券交易所进行交易，故此只能通过特许的证券经纪商作中介来促成交易的完成。本实验通过设置机构投资者开立证券账户的实训任务，使学生掌握机构投资者开立证券账户的规则与流程，能够在实践中利用证券投资进行理财。

实验要求

　　(1)　任意选择一家证券公司，进行免费开户。
　　(2)　查找客户交易结算资金第三方存管协议。
　　(3)　查找机构证券账户注册申请表。
　　(4)　查找股份转让风险揭示书。
　　(5)　填写法人开户申请书(见图22-1)。

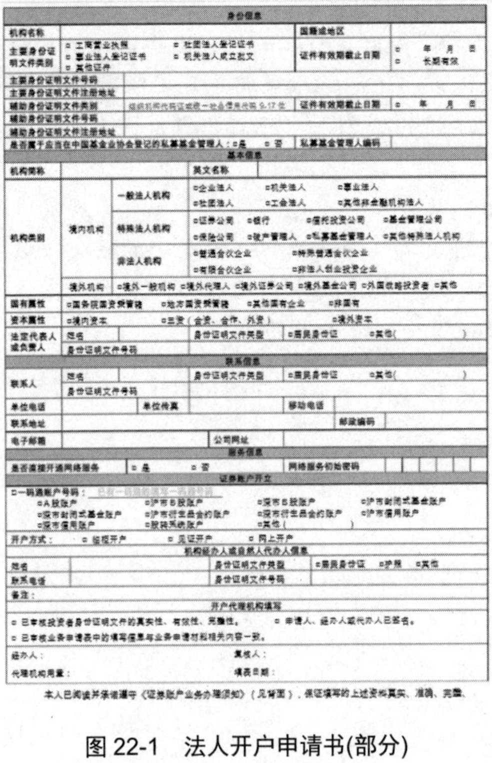

图 22-1　法人开户申请书(部分)

实验内容

利用模拟交易软件进行机构投资者开户模拟实验。

实验材料

深圳希施玛 VE 竞赛管理系统-竞赛端。

实验步骤

机构客户开户流程和个人客户开户流程相同，即携带资料到证券营业部进行办理，至银行进行三方关系确认，下载软件进行交易。

一、机构投资者 A 股法人开户须知

法人开户时需填写《机构客户证券交易协议书》和《客户交易结算资金第三方存管协议》；如果机构客户从未办理过法人开户的，需填写《机构证券账户注册申请表》；如果机构客户是投资待办股份市场的，需填写《股份转让风险揭示书》。

境内机构投资者，须携带以下资料前往招商证券营业部办理：

(1) 机构法人有效身份证明文件(公司制法人为工商营业执照，社团法人为社团法人登记证书，事业法人为事业法人登记证书，机关法人为机关法人成立批文等)及复印件；

(2) 税务登记证书及其复印件；

(3) 法定代表人证明书；

(4) 法定代表人的有效身份证明文件复印件(需加盖法人公章)；

(5) 法定代表人授权委托书(需加盖公章，法定代表人签章)，指明代理人身份、代理权限和代理期限；

(6) 代理人有效身份证明文件及复印件；

(7) 机构客户须预留印鉴卡。

二、机构投资者开户费

中国证券登记结算公司上海分公司收取证券开户费 400 元/户，中国证券登记结算公司深圳分公司收取证券开户费 500 元/户，由证券公司统一代收。

三、机构投资者开户时间

周一至周五 9:00—15:00 办理证券开户的，法人开户者可以当场取得两张纸质股东账户卡；其他时间段包括周末办理法人开户的，证券账户卡只能在下一个交易日取得或快递送到，不过这不影响正常的证券交易(因为法人开户申请办理需与中国证券登记结算公司联

网，而中国证券登记结算公司周末双休)。

四、其他注意事项

(1) 境外企业不得办理 A 股法人开户，合格境外资格投资者 QFII 需到中国证券登记结算公司直接办理法人开户。

(2) 授权委托书和法人代表证明书，券商营业部提供格式化文件。如果公司印章不方便带出，可先向证券公司咨询、预约，将所要填写的文件表格领取盖章后再带至营业部办理业务。

(3) 机构三方存管方面与个人客户不同，一般银行确认需要去开户行办理，三方转账一般需要通过银行柜面或网银，具体根据每家银行规定而不同。

(4) 基金账户的法人开户需要通过柜面办理，若有考虑开基金账户的机构客户可在法人开户时一起开通。

(5) 信托和金融机构不能直接通过证券公司营业部办理法人开户。法人开户可以在网上咨询、预约，营业部会安排客户经理事先将设计的资料准备好，全程有客户经理陪同。

 思政融入案例

在证监会的监管处罚情形中，我们时常会看到"老鼠仓"行为；在私募行业也经常见到某私募公司员工因违规炒股被监管部门处罚，某私募管理人未对员工的证券交易行为进行申报登记、跟踪核查等有效监督而被责令整改。先来看证监会的最近一次的处罚案例：刘某某为深圳市凡得基金管理有限公司(简称凡得基金)法定代表人、总经理。2015 年 5 月至 2016 年 5 月，刘某某等人利用职务便利知悉凡得基金产品的未公开信息，共同控制使用刘某某证券账户实施"老鼠仓"交易。2018 年 6 月，证监会依法对刘某某等人作出行政处罚。

案例点评： 本案的查处表明，私募机构及从业人员必须树立合规守约意识，不得突破法律底线，损害基金财产和基金份额持有人的利益。

(资料来源：用案例分析 私募从业人员能开立证券账户吗？

https://www.360kuai.com/pc/919ac117fdef51157?cota=

4&kuai_so=1&tj_url=so_rec&sign=360_57c3bbd1&refer_scene=so_1)

 实验思考

1. 机构投资者如何进行科创板证券交易？
2. 机构投资者参与证券交易的意义和目的有哪些？

实验二十三　经纪业务实训——融资融券业务

 **实验目的**

熟悉证券公司融资融券的运作流程。

 **实验要求**

(1) 查找并填写融资融券合同(图 23-1 所示仅为融资融券合同的一部分)。
(2) 查找融资融券交易风险揭示书。

证券公司融资融券合同

甲方（投资者）：
姓名（或机构全称）：_____
身份证件类型：_____
身份证件号码：☐☐☐☐☐☐☐☐☐☐☐☐☐☐☐☐☐☐☐☐

甲方指定联络人(书面授权另附)：
指定联络人姓名：_____
身份证件号码：☐☐☐☐☐☐☐☐☐☐☐☐☐☐☐☐☐☐☐☐

甲方联络方式：
联系电话：（固定）_____（移动）：_____
传真电话：_____邮政编码：_____
联系地址：_____
电子信箱：_____

乙方：
名　　称：
住　　所：
法定代表人：
联系地址：
联系电话：

乙方指定营业场所：
名　　称：

图 23-1　融资融券合同(部分)

（3）在融资融券时点结束后，全组人员集体撰写融资融券总结报告，从收益、风险、人员安排、团队情况等多个维度去总结融资融券模拟运营的过程。同时准备 15 分钟展示，让各个小组进行心得和成果分享。

最后对参与实验的学生，按报告质量、个人表现和最后的展示综合进行分数评定。

 **实验内容**

综合运用商业银行学、证券交易、证券投资分析等知识，模拟融资融券运作过程。

 **实验材料**

国泰君安模拟交易所。

 **实验步骤**

该实验借助完善的实验教学环境，让整个教学班进行角色扮演型实验，即整个教学班按照分组的形式，成立若干"证券"公司，每个公司内部设有证券经理、行业研究、风险控制以及交易员等职位，每个小组仿照真实融资融券的运作流程，在一定的教学时期内，在模拟实验环境内进行融资融券的运营实验并做报告。实验最终目的是让学生在模拟环境中对融资融券的流程进行深入了解，并充分体验各个职位在融资融券中的作用，为其未来职业发展规划夯实基础。

"融资融券"又称"证券信用交易"或保证金交易，是指投资者向具有融资融券业务资格的证券公司提供担保物，借入资金买入证券(融资交易)或借入证券并卖出(融券交易)的行为。包括券商对投资者的融资、融券和金融机构对券商的融资、融券。从世界范围来看，融资融券制度是一项基本的信用交易制度。

2010 年 3 月 30 日，上交所、深交所分别发布公告，于 2010 年 3 月 31 日起正式开通融资融券交易系统，开始接受试点会员融资融券交易申报。融资融券业务正式启动。

目前国际上存在的融资融券模式基本有四种：证券融资公司模式、投资者直接授信模式、证券公司授信的模式以及登记结算公司授信的模式。

中国融资融券模式包括券商对投资者的融资、融券和金融机构对券商的融资、融券。修订前的证券法禁止融资融券的证券信用交易。

融资是看涨，因此向证券公司借钱买证券，证券公司借款给客户购买证券，客户到期偿还本息，客户向证券公司融资买进证券称为"买多"。

融券是看空，借证券来卖，然后以证券归还，证券公司出借证券给客户出售，客户到期返还相同种类和数量的证券并支付利息，客户向证券公司融券卖出称为"卖空"。

一、投资者进行融资融券需具备的条件

根据中国证监会《证券公司融资融券试点管理办法》(以下简称《管理办法》)的规

定，投资者参与融资融券交易前，证券公司应当了解该投资者的身份、财产与收入状况、证券投资经验和风险偏好等内容。

对于不满足证券公司征信要求、在该公司从事证券交易不足半年、交易结算资金未纳入第三方存管、证券投资经验不足、缺乏风险承担能力或者有重大违约记录的投资者，以及证券公司的股东、关联人，证券公司不得向其融资、融券。

二、开展融资融券业务前投资者的准备

投资者向证券公司融资、融券前，应当按照《管理办法》等有关规定与证券公司签订融资融券合同以及融资融券交易风险揭示书，并委托证券公司为其开立信用证券账户和信用资金账户。

根据《管理办法》的规定，投资者只能选定一家证券公司签订融资融券合同，在一个证券市场只能委托证券公司为其开立一个信用证券账户。

三、融资融券业务流程

融资融券业务流程如图 23-2 所示。

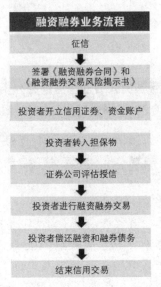

图 23-2　融资融券业务流程

四、融资交易了结

投资者融资买入证券后，可以通过直接还款或卖券还款的方式偿还融入资金。

投资者以直接还款方式偿还融入资金的，按照其与证券公司之间的约定办理。

以卖券还款偿还融入资金的，投资者通过其信用证券账户委托证券公司卖出证券，结算时投资者卖出证券所得资金直接划转至证券公司融资专用账户。需要指出的是，投资者卖出信用证券账户内证券所得资金，须优先偿还其融资欠款。

融资买入、融券卖出的申报数量应当为 100 股(份)或其整数倍。投资者在交易所从事融资融券交易，融资融券期限不得超过 6 个月。投资者卖出信用证券账户内证券所得价款，须先偿还其融资欠款。融资融券暂不采用大宗交易方式。

例如：假设某投资者信用账户中有 100 元保证金可用余额，拟融资买入融资保证金比例为 50%的证券 B，则该投资者理论上可融资买入 200 元市值(100 元保证金÷50%)的证券 B。

五、融券交易了结

融券：客户以其信用账户中的资金或证券作为担保品，向证券公司申请融券卖出；证券公司在与结算公司交收时，用其"证券公司融券专用账户"中自有证券为客户垫付证券；客户融券卖出所得资金作为向证券公司融券的担保品记入"客户信用资金汇总账户"，同时记增相应的客户二级明细账户。例如：某投资者信用账户中有 100 元保证金可用余额，拟融券卖出融券保证金比例为 50%的证券 C，则该投资者理论上可融券卖出 200 元市值(100 元保证金÷50%)的证券 C。

客户可采用买券还券方式偿还融入证券。客户通过"客户信用证券账户"申报买券，买入证券从"客户信用证券汇总账户"划入"证券公司融券专用账户"。

思政融入案例

恒泰证券融资融券违规遭证监会责令整改
2020 年因违规累计被罚 4 次

证监会网站于 2020 年 6 月 24 日发布了关于对恒泰证券股份有限公司采取责令改正措施的决定，对余安义、陈祎杰、陈建功采取认定为不适当人选措施的决定以及对刘全胜采取公开谴责措施的决定。

融资融券业务违规操作

经查，2018 年上半年，恒泰证券在开展融资融券业务过程中存在以下问题：为客户与客户、客户与他人之间的融资融券活动提供便利和服务，包括协助资金分配划转，协助"垫资开户"、规避客户适当性管理要求，协助放大两融授信额度；将客户信用资金账户、信用证券账户提供给他人使用等。上述行为违反了《证券公司监督管理条例》第二十八条、《证券公司融资融券业务管理办法》第三条的规定。此外，未对客户规避融资融券标的管理情况予以有效监控，对融资标的变更审批流程不规范，反映出公司内部控制等存在缺陷。2020 年以来，恒泰证券已经 4 次因违规被处罚。2020 年 4 月 22 日，因恒泰证券北京营业部负责人刘宇清在任职期间出现违规行为，为客户之间的融资以及出借证券账户提供中介和其他便利，恒泰证券遭北京证监局处罚。

2020 年累计因违规被罚 4 次

2020 年 5 月 17 日，恒泰证券被证监会出示行政处罚事前告知书，最终以责令整改、予以警告并处以 100 万元罚款告终。处罚告知书中提到，恒泰证券业务人员以公司某资金项目为名，向客户说明配资买卖股票名称以及配资利率等条件，涉及 36 个账户及多只股票。同时，恒泰证券的机构交易部相关人员余安义、陈祎杰、张超三人分别被处以 10 万元罚款。

案例点评： 按照《证券公司监督管理条例》第七十条、《证券公司融资融券业务管理办法》第四十九条的规定，中国证监会决定对公司采取责令改正的行政监管措施。要求公司对上述问题予以整改，并于收到本决定之日起 3 个月内向内蒙古证监局提交整改报告；同时，公司应对违规行为负有责任的刘全胜、余安义、陈祎杰、陈建功等人，按照公司有关规定进行内部经济问责，并向内蒙古证监局书面报告结果。

此外，余安义作为恒泰证券机构交易部负责人、陈祎杰作为恒泰证券机构交易部相关团队负责人，对相关违法违规行为负有直接责任。陈建功作为恒泰证券机构交易部合规专员，在知悉相关违法违规行为后未及时向公司合规部门报告，违反了《证券公司和证券投资基金管理公司合规管理办法》第十条的规定。

2020 年 6 月 16 日，广东监管局发布行政监管措施决定书(〔2020〕76 号)，当事人陈树雄在恒泰证券股份有限公司潮州城新西路证券营业部任职期间，存在替客户办理证券认购、交易的行为。根据《证券经纪人管理暂行规定》第二十四条、第二十六条的规定，广东证监局决定对陈树雄采取出具警示函的监督管理措施。

(资料来源：和讯网：恒泰证券融资融券违规遭证监会责令整改 今年因违规累计被罚 4 次)

 **实验思考**

1. 证券公司融资融券相关人员如何加强职业素质和职业底线培养？
2. 证券公司应采取什么样的措施加强对融资融券的风险控制？

实验二十四　经纪业务实训——科创板业务

实验目的

本实验通过设置自然人开立科创板账户的实训任务，使学生掌握自然人进行科创板交易的规则与流程，能够在实践中利用科创板证券投资进行理财。

实验要求

(1)　查找并填写科创板股票风险揭示书(图 24-1 所示仅为风险揭示书的一部分)。

国元证券股份有限公司
GUOYUAN SECURITIES CO.,LTD.

科创板股票交易风险揭示书

尊敬的投资者：

为了使您充分了解上海证券交易所（以下简称上交所）科创板股票或存托凭证（以下统称科创板股票）交易的相关风险，本公司制定了《科创板股票交易风险揭示书》（以下简称《风险揭示书》），向您全面介绍其中所涉及的相关制度规则、业务流程和风险事项，充分揭示风险。请您根据自身财务状况、实际需求、风险识别和承受能力等因素，审慎决定是否参与科创板股票交易。如您决定参与交易，请仔细阅读《风险揭示书》并签字确认。参与科创板股票交易包括但不限于下列风险：

一、科创板企业所处行业和业务往往具有研发投入规模大、盈利周期长、技术迭代快、风险高以及严重依赖核心项目、核心技术人员、少数供应商等特点，企业上市后的持续创新能力、主营业务发展的可持续性、公司收入及盈利水平等仍具有较大不确定性。

二、科创板企业可能存在首次公开发行前最近 3 个会计年度未能连续盈利、公开发行并上市时尚未盈利、有累计未弥补亏损等情形，可能存在上市后仍无法盈利、持续亏损、无法进行利润分配等情形。

三、科创板新股发行价格、规模、节奏等坚持市场化导向，询价、定价、配售等环节由机构投资者主导。科创板新股发行全部采用询价定价方式，询价对象限定在证券公司等七类专业机构投资者，两个人投资者无法直接参与发行定价。同时，因科创板企业普遍具有技术新、前景不确定、业绩波动大、风险高等特征，市场可比公司较少，传统估值方法可能不适用，发行定价难度较大，科创板股票

图 24-1　风险揭示书(部分)

(2) 查找上海证券交易所科创板股票交易风险揭示书。

(3) 年长投资者科创板投资风险特别提示。

(4) 给定 100 万元资金，设计科创板股票投资组合，跟踪科创板股票价格变化，每周完成如下科创板股票交易报告。

科创板股票名称	投资金额	投资比例	买入价	盈亏率
总盈亏			总盈亏率	

(5) 观察科创 50ETF 的净值与价格之间的关系，判断是否存在套利机会，并设计套利方案。

利用模拟交易软件进行自然人科创板证券开户及交易模拟实验。

国泰君安模拟交易所。

科创板，是由国家主席习近平于 2018 年 11 月 5 日在首届中国国际进口博览会开幕式上宣布设立，是独立于现有主板市场的新设板块，并在该板块内进行注册制试点。

《实施意见》强调，在上交所新设科创板，坚持面向世界科技前沿、面向经济主战场、面向国家重大需求，主要服务于符合国家战略、突破关键核心技术、市场认可度高的科技创新企业。重点支持新一代信息技术、高端装备、新材料、新能源、节能环保以及生物医药等高新技术产业和战略性新兴产业，推动互联网、大数据、云计算、人工智能和制造业深度融合，引领中高端消费，推动质量变革、效率变革、动力变革。

设立科创板并试点注册制是提升服务科技创新企业能力、增强市场包容性、强化市场功能的一项资本市场重大改革举措。通过发行、交易、退市、投资者适当性、证券公司资本约束等新制度以及引入中长期资金等配套措施，增量试点、循序渐进，新增资金与试点进展同步匹配，力争在科创板实现投融资平衡、一二级市场平衡、公司的新老股东利益平衡，并促进现有市场形成良好预期。

2019 年 6 月 13 日，科创板正式开板；7 月 22 日，科创板首批公司上市；8 月 8 日，第二批科创板公司挂牌上市。

2019 年 8 月，为落实科创板上市公司(以下简称科创公司)并购重组注册制试点改革要求，建立高效的并购重组制度，规范科创公司并购重组行为，证监会发布《科创板上市公司重大资产重组特别规定》。

一、自然人投资者申请科创板交易的权限条件

根据《交易特别规定》的要求，自然人投资者申请科创板交易权限需满足以下两大条件：

(1) 开通前 20 个交易日证券账户及资金账户内的资产，日均不低于人民币 50 万元，其中，50 万元不包括该投资者通过融资融券融入的资金和证券。

(2) 参与证券交易 24 个月以上。

二、交易前的准备工作

首次委托买入科创板股票的客户，必须以纸面或电子形式签署科创板股票风险揭示书。

三、科创板调整单笔申报数量要求

如果是限价申报买卖，单笔不能小于 200 股，不能超过 10 万股。如果是市价申报买卖，单笔不能小于 200 股，不能超过 5 万股。此外，可以根据市场情况，按照股价所处高低挡位，实施不同的申报价格最小变动单位，以降低低价股的买卖价差，提升市场流动性。科创板没有 100 股整数倍的要求，最小申报单位可以是 1 股。也就是说，从最低单笔申报的 200 股起，可以以 1 股为单位递增，比如买 201 股、202 股……不过，如果当股票余额不足 200 股时，要一次性卖出。

四、限价申报限制

限价申报中最高价不能超过基准价的 102%、最低价不能低于基准价的 98%。有此限制主要用以控制大幅度扫单的情况。

集合竞价不受 102%或者 98%的限制。连续竞价阶段的限价申报，限制的是买入最高价和卖出最低价。

五、盘后固定价格交易

收盘集合竞价结束后，上交所以收盘价为成交价，按照时间优先顺序，对收盘定价申报进行逐笔连续撮合。投资者可以在上午 9:30—11:30 和下午 13:00—15:30 提交收盘定价申报，申报会在下午 15:05—15:30 撮合成交。

六、放宽涨跌幅限制

《交易特别规定》指出，对科创板股票竞价交易实行价格涨跌幅限制，涨跌幅比例为

20%。首次公开发行上市、增发上市的股票，上市后的前 5 个交易日不设价格涨跌幅限制。

七、融券标的及选择标准

科创板股票自上市后首个交易日起可作为融券标的，且融券标的证券选择标准将与主板 A 股有所差异。

八、科创板打新需要的资金量

网上申购要求持有市值达到 10 000 元以上，每 5000 元市值可申购一个申购单位，不足 5000 元的部分不计入申购额度。此外，每一个新股申购单位为 500 股，较现行的 1000 股规定有所下调，申购数量应当为 500 股或其整数倍。

九、交易信息公开指标有变化吗？

科创板股票的交易公开信息同主板 A 股现行做法基本一致。

十、科创板试点注册制，重点支持高新技术产业和战略性新兴产业

科创板实行注册制，注册制强调的是事前、事中、事后全程监管，对于拟上市企业，依然需要由交易所进行相应的审核。上海证券交易所在规定中介绍，发行上市审核实行电子化审核，申请、受理、问询、回复等事项通过本所发行上市审核业务系统办理。发行流程将控制在 6～9 个月左右，会在上交所审核通过后 20 个工作日内完成注册。在这一过程中，投资者可以通过上交所官网，跟踪企业发行进展。

十一、设置多元包容的上市条件

允许符合相关要求的特殊股权结构企业在科创板上市，体现了科创板多元包容的发行特点。为保障普通投资者的权益，对于不同表决权的情况，上交所方面专门进行了差异化安排，防止特别表决权被滥用。

例如，上市条件更苛刻，除了其他门槛需要达到，还必须满足表决权差异安排应当稳定运行至少 1 个完整会计年度，且市值及财务指标符合下列标准之一：

(1) 预计市值不低于人民币 10 亿元，最近两年净利润均为正且累计净利润不低于人民币 5000 万元，或者预计市值不低于人民币 10 亿元，最近一年净利润为正且营业收入不低于人民币 1 亿元；

(2) 预计市值不低于人民币 15 亿元，最近一年营业收入不低于人民币 2 亿元，且最近三年研发投入合计占最近三年营业收入的比例不低于 15%；

(3) 预计市值不低于人民币 20 亿元，最近一年营业收入不低于人民币 3 亿元，且最近三年经营活动产生的现金流量净额累计不低于人民币 1 亿元；

(4) 预计市值不低于人民币 30 亿元，且最近一年营业收入不低于人民币 3 亿元；

(5) 预计市值不低于人民币 40 亿元，主要业务或产品需经国家有关部门批准，市场

空间大，目前已取得阶段性成果，并获得知名投资机构一定金额的投资。

此外，后续也不可以随便变动，特别表决权的比例不能提高，一经转让就自动转化为普通股份等。允许符合科创板定位、尚未盈利或存在累计未弥补亏损的企业在科创板上市，允许符合相关要求的特殊股权结构企业和红筹企业在科创板上市。

十二、严格退市制度

科创板公司退市要求比现行制度更加严格。触及财务类退市指标的公司，第一年实施退市风险警示，第二年仍然触及将直接退市。不再设置专门的重新上市环节，已退市企业如果符合科创板上市条件的，可以按照股票发行上市注册程序和要求提出申请、接受审核。但因重大违法强制退市的，不得提出新的发行上市申请，永久退出市场。在识别上，上市公司股票被实施退市风险警示的，在公司股票简称前冠以"*ST"字样，这与目前 A股的做法是一致的。

十三、原始股减持限制

科创板上市时尚未盈利的公司，控股股东、董监高人员及特定股东在公司实现盈利前不得减持首发前股份。防止原始大股东们减持套现的机制。

十四、严格限制跨界并购

科创板公司的并购重组应当围绕主业展开，标的资产应当与上市公司主营业务具有协同效应，严格限制通过并购重组"炒壳""卖壳"。

科创板明确 11 条红线 违者可"红牌"罚出场

上交所正式发布《上海证券交易所科创板股票异常交易实时监控细则(试行)》(以下简称《细则》)，明确股票异常交易监控标准，为科创板交易明确规则和红线，将暗线变为明线。

具体来看，《细则》将虚假申报、拉抬打压股价、维持涨(跌)幅限制价格、自买自卖(互为对手方交易)和严重异常波动股票申报速率异常等 5 大类共 11 种典型异常交易行为监控标准向市场公开，投资者实施异常交易行为具有下列情形之一的，上交所将从重实施监管措施或者纪律处分：

(1) 在一定时间内反复、连续实施异常交易行为。

(2) 对严重异常波动股票实施异常交易行为。

(3) 实施异常交易行为的同时存在反向交易。

(4) 实施异常交易行为涉嫌市场操纵。

(5) 因异常交易行为受到过本所纪律处分，或者因内幕交易、市场操纵等证券违法行为受到过行政处罚或者刑事制裁。

(6) 本所认定的其他情形。触犯红线行为严重者，将被认定为不合格投资者。

此外，打政策擦边球的行为也将被认定违规。《细则》明确，投资者的科创板股票交易行为虽未达到相关监控指标，但接近指标且反复多次实施的，上交所可将其认定为相应类型的异常交易行为。

投资者在科创板股票交易中实施异常交易行为的，上交所可对其实施以下监管措施或者纪律处分：

(1) 口头警示；

(2) 书面警示；

(3) 将账户列为重点监控账户；

(4) 要求投资者提交合规交易承诺书；

(5) 暂停投资者账户交易；

(6) 限制投资者账户交易；

(7) 认定为不合格投资者；

(8) 本所规定的其他监管措施或者纪律处分。

案例点评： 上交所方面表示，此次通过《细则》公开股票异常交易监控标准，是上交所科创板交易监管工作的一项重大创新，在境内和境外成熟市场尚属首次。主要是基于提升交易监管规范化水平、发挥科创板改革试验田作用、落实会员协同监管责任、构建规范有序市场环境这四方面考虑。

(资料来源：中国证监会新闻发布)

实验思考

1. 作为投资者，如何规范科创板交易行为？

2. 作为证券公司，如何对投资者进行适当性教育与投资行为规范？

实验二十五　其他业务实训——自营业务

 **实验目的**

本实验是证券投资学的后续配套实践环节。学生通过模拟实验，分析证券自营业务的具体操作流程，重点掌握证券自营业务买卖证券的具体操作流程和相关注意事项，借此加强对证券交易市场的功能、地位的了解，培养学生投资交易的能力。

 **实验要求**

(1) 查找开展证券自营业务应具备的条件。

(2) 给定 1000 万元资金，设计证券自营证券投资组合，跟踪证券价格变化，每周完成如表 25-1 所示的证券自营交易报告。

表 25-1　证券自营交易报告

证券名称	投资金额	投资比例	买入价	卖出价	盈亏率
总盈亏			总盈亏率		

 **实验内容**

利用模拟交易软件进行证券自营业务的交易、自营业务分析、自营业务投资实验。

 **实验材料**

(1) 大智慧、同花顺、钱龙、通达信等金融数据库软件。

(2) 可登录相关财经网站、相关数据采集点的网络资源、各上市公司的官方网站。

(3) 学生端 PC 设备。

软件条件：国泰君安模拟交易所、同花顺模拟交易教学软件。

实验步骤

一、自营业务的基本概念

(一)定义

证券自营业务是指证券经营机构以自主支配的资金或证券，通过证券市场从事以盈利为目的的买卖证券的经营行为。

(二)证券自营业务的种类

(1) 债券的自营业务。债券的自营业务，包括集中市场交易的自营买卖，柜台交易的自营买卖，以及直接对客户及其他经纪商与其他债券自营商的买卖。

(2) 股票的自营业务。

投机业务、套利业务(风险套利和无风险套利)。但投机业务≠操纵市场。投机业务对证券市场的作用：投机行为是股票市场的润滑剂，有助于实现股票市场的价格发现功能，有利于资本资源在市场上的有效配置，使市场在保持高效运行的同时分散投资风险、套利业务、无风险套利、风险套利。

(三)证券自营业务的特征

(1) 必须有较大的资金量以满足自营交易的资金周转需要。
(2) 赚取的是买卖差价。
(3) 不需要交付手续费，承担自营买卖所产生的投资风险。

(四)证券自营业务的原则

(1) 客户委托优先原则。
(2) 维护市场原则。
(3) 自营与经纪分开的原则。
(4) 自营业务控制原则。

(五)我国投资银行允许从事自营业务的条件

(1) 必须是综合类的券商，经纪类的不行。
(2) 必须是合法自营资金。
(3) 必须是合法账户：机构户，B 字头，接受国家监管。

(六)其他

(1) 从事证券自营业务要经证监会批准，其注册资本最低限额 1 亿元，净资本 5000 万元。

(2) 自营业务是证券公司以盈利为目的，通过买卖价差获利的经营行为。

(3) 在从事自营业务时，证券公司必须使用自有的依法筹集的可用于自营的资金。

(4) 自营买卖必须在以自己名义开设的证券账户中进行，并且只能买卖依法公开发行的或中国证监会认可的其他有价证券。

(5) 证券经营机构申请从事证券自营业务，应当同时具备下列条件。

① 证券专营机构(即依法设立并具有法人资格的证券公司)具有不低于人民币 2000 万元的净资产，证券兼营机构(即依法设立并具有法人资格的信托投资公司)具有不低于人民币 2000 万元的证券营运资金。证券营运资金，是指证券兼营机构专门用于证券业务的具有高流动性的资金。

② 证券专营机构具有不低于人民币 1000 万元的净资本。证券兼营机构具有不低于人民币 1000 万元的净证券营运资金。净资本的计算公式为：

净资本=净资产-(固定资产净值+长期投资)×30%-无形及递延资产-提取的损失准备金-中国证监会认定的其他长期性或高风险资产

③ 三分之二以上的高级管理人员和主要业务人员具备必要的证券、金融、法律等有关知识，熟悉有关的业务规则及业务操作程序，近两年内没有严重违法违规行为，同时还必须具有两年以上证券业务或三年以上金融业务的工作经历。

④ 证券经营机构在近一年内没有严重违法违现行为，或在近两年内未受到取消证券自营业务资格的处罚。

⑤ 证券经营机构成立并且正式开业已超过半年，证券兼营机构的证券业务与其他业务分开经营、分账管理。

⑥ 没有证券自营业务专用的电脑申报终端和其他必要的设施。

⑦ 中国证监会要求的其他条件。

二、投资银行债券自营业务分析

(一)债券投资策略

1. 被动债券投资策略

(1) 购买-持有策略：将债券买入后，一直持有到债券期满为止的投资策略。

(2) 构建免疫资产：利用利率的价格、风险与再投资风险反向变动的特点，构建起能避免利率波动而将未来收益锁定的债券组合。

2. 主动债券投资策略

(1) 调整债券期限策略：预测利率将要上升，调整债券期限下降，应投资较长期的债券；反之，应投资较短期的债券。

(2) 阶梯策略、杠铃策略。

(3) 以利率预测为基础的投资策略。

(4) 建立在市场无效基础上的投资策略。

(二)债券交易的收益分析

1. 影响债券交易价格的因素

(1) 一般经济因素：社会经济发展状况、财政收支、金融政策、货币市场利率水平、物价波动、汇率波动、新债券的发行量等。

(2) 非经济因素：政治因素、心理因素、投机因素。

2. 债券投资的收益

债券的投资收益主要包括：票面收益率、直接收益率、持有期收益率、到期收益率、赎回收益率。

(三)债券的回购交易

1. 回购交易的风险

回购交易存在信用风险：利率上升，逆回购方承担着信用风险；利率下降，正回购方承担着信用风险。回购协议中的保证金通常比率在 1%～3%之间。

2. 回购利率的决定

回购利率一般是以年化收益率的形式报出。回购利率的影响因素主要有：证券的信用等级、期限长短、交割条件、货币市场其他子市场的利率水平。

3. 质押式债券回购交易

正回购方在将债券出质给逆回购方融入资金的同时，双方约定在将来某一时期，由正回购方按约定回购利率计算的资金额向逆回购方返回资金，逆回购方向正回购方返回原出质债券的行为。其中以债券作为抵押品拆借资金的信用行为。

三、投资银行的股票自营业务分析

(一)股票自营业务的投资策略

选择有发展前景的公司股票；分析股票的市场表现；分析股票的收益与风险；选择内在价值高的股票；进行适当的技术分析；选择好股票的买卖时机。

(二)影响股票价格的因素

(1) 每股净资产。

(2) 公司的预期收益。

(3) 市场供求关系。

(4) 经营环境因素。

中国银保监会消费者权益保护局关于光大银行侵害消费者权益
情况的通报——短信营销宣传混淆自营与代销产品

光大银行成都、济南、青岛等地 7 家分支机构在短信营销中存在片面夸大产品收益、混淆自营理财和代销产品等问题。比如，2019 年 3 月 27 日，成都冠城支行向消费者发送营销短信，宣称"光大银行冠城支行 3 月 27 日—3 月 31 日发行'光大阳光北斗星'(代码865034)"，但该产品实际由光大证券发行、光大银行代销，非光大银行自营产品。上述行为违反了《商业银行理财业务监督管理办法》(银保监会令 2018 年第 6 号)、《中国银监会关于规范商业银行代理销售业务的通知》(银监发〔2016〕24 号)等规定。

案例点评： 光大银行上述违规行为，侵害了消费者知情权、自主选择权、公平交易权、财产安全权等基本权利。根据《中国银保监会关于银行保险机构加强消费者权益保护工作体制机制建设的指导意见》(银保监发〔2019〕38 号)，建立健全消费者权益保护体制机制，自上而下切实承担起主体责任，有效保护消费者合法权益。

(资料来源：中国金融新闻网)

1. 如何规避证券自营业务的自身操作风险？
2. 如何建立证券公司健全的内部控制制度？

实验二十六　其他业务实训——风险投资业务

其他业务实训——
风险投资业务.mp4

　　本实验是证券投资学的后续配套实践环节。学生通过模拟实验，分析证券风险投资业务的具体操作流程；重点掌握风险投资业务合同的洽谈、签订，买卖证券的具体操作流程和相关注意事项。实验最终目的是让学生在模拟环境中对风险投资业务的流程进行深入了解，并充分体验各个职位在风险投资中的作用，为其未来职业发展规划夯实基础。

　　(1)　查找并填写风险投资项目申请书(图 26-1 所示仅为风投项目申请书的一部分)。

《风险投资项目申请书》

摘　要

公司状况		□ 已 设 立		□ 拟 设 立	
	公司名称			成立时间	
	注册地区				
	法人代表		注册资本		
	职工总数		高级技术人员		
	技术人员		高级管理人员		
公司基本情况	前四大股东构成			持股比例	
	主营业务				
		总资产	净资产	净资产收益率	资产负债率
	截至今年本月				
	前一年				
	前二年				
项目情况	项目名称				
	应用领域				
	技术特点				
	市场现状				
融资说明	总投资		资金缺口		
	资金用途				
	使用计划				
经利预测		营业收入	利润	净资产收益率	
	未来一年				
	未来二年				

图 26-1　风险投资项目申请(部分)

(2) 整个教学班进行角色扮演型实验，即整个教学班按照分组的形式，成立 2 个"证券"公司和 2 个"制造业类"公司，每个证券公司内部设有证券风投部经理、行业研究、风险控制员以及交易员等职位，每个小组仿照真实风险投资的运作流程，在一定的教学时期内，在模拟实验环境内进行证券风险投资的运营实验并做报告。

实验内容

综合运用证券投资学、证券交易、证券投资分析等知识，模拟风险投资运作过程。

实验材料

(1) 大智慧、同花顺、钱龙、通达信等金融数据库软件。
(2) 可登录相关财经网站、相关数据采集点的网络资源、各上市公司的官方网站。
(3) 学生端 PC 设备。

软件条件：国泰君安模拟交易所、同花顺模拟交易教学软件。

实验步骤

风险企业要成功获取风险资本，首先要了解风险投资公司的基本运作程序。一个典型的风险投资公司会收到许多项目建议书。如美国"新企业协进公司"(New Enterprise Associates Inc)每年接到二三千份项目建议书；经过初审筛选出二三百家后，经过严格审查，最终挑出二三十个项目进行投资，可谓百里挑一。这些项目最终每 10 个平均有 5 个会以失败告终，3 个不赔不赚，2 个能够成功。成功的项目为风险资本家赚取年均不低于 35%的回报(按复利计算)。换句话说，这家风险投资公司接到的每一个项目，平均只有 1%的可能性能得到认可，最终成功机会只有 0.2%。

风险投资家寻找能使他们获得高额回报(35%以上的年收益率)的公司或机会。有时，要在尽可能短的时间内实现这一目标，通常是 3～7 年。成功的风险投资家有许多宝贵的经验，包括选择投资对象，落实投资，对该公司进行监督，带领公司成长，驾驭公司顺利通过难关，促使公司快速发展。虽然每一个风险投资公司都有自己的运作程序和制度，但总的来讲包括以下步骤。

一、初审

风险投资家所从事的工作包括：筹资、管理资金、寻找最佳投资对象、谈判并投资，对投资进行管理以实现其目标，并力争使其投资者满意。以前风险投资家用 60%左右的时间去寻找投资机会，如今这一比例已降低到 40%。其他大部分时间用来管理和监控已投资的资金。因此，风险投资家在拿到经营计划和摘要后，往往只用很短的时间走马观花地浏览一遍，以决定在这件事情上花时间是否值得。必须有吸引他的东西才能使之花时间仔细研究，因此第一感觉特别重要。

二、风险投资家之间的磋商

在大的风险投资公司，相关的人员会定期聚在一起，对通过初审的项目建议书进行讨论，决定是否需要进行面谈，或者回绝。

三、面谈

如果风险投资家对企业家提出的项目感兴趣，他会与企业家接触，直接了解其背景、管理队伍和企业，这是整个过程中最重要的一次会面。如果进行得不好，交易便告失败。如果面谈成功，风险投资家会希望进一步了解更多的有关企业和市场的情况，或许他还会动员可能对这一项目感兴趣的其他风险投资家。

四、责任审查

如果初次面谈较为成功，风险投资家接下来便开始对企业家的经营情况进行考察以及尽可能多地对项目进行了解。他们通过审查程序对意向企业的技术、市场潜力和规模以及管理队伍进行仔细的评估，这一程序包括与潜在的客户接触、向技术专家咨询并与管理队伍举行几轮会谈。它通常包括参观公司，与关键人员面谈，对仪器设备和供销渠道进行估价。它还可能包括与企业债权人、客户、相关人员以前的雇主进行交谈。这些人会帮助风险投资家做出关于企业家个人风险的结论。

风险投资对项目的评估是理性与灵感的结合。其理性分析与一般的商业分析大同小异，如市场分析、成本核算的方法以及经营计划的内容等与一般企业基本相同。所不同的是灵感在风险投资中占有一定比重，如对技术的把握和对人的评价。

五、条款清单

审查阶段完成之后，如果风险投资家认为所申请的项目前景看好，那么便可开始进行投资形式和估价的谈判。通常企业家会得到一个条款清单，概括出涉及的内容。这个过程可能要持续几个月。因为企业家可能并不了解谈判的内容，他将付出多少，风险投资家希望获得多少股份，还有谁参与项目，对他以及现在的管理队伍会发生什么。对于企业家来讲，要花时间研究这些内容，尽可能将条款减少。

六、签订合同

风险资本家力图使他们的投资回报与所承担的风险相适应。根据切实可行的计划，风险资本家对未来 3～5 年的投资价值进行分析，首先计算其现金流或收入预测，而后根据对技术、管理层、技能、经验、经营计划、知识产权及工作进展的评估，决定风险大小，选取适当的折现率，计算出其所认为的风险企业的净现值。基于各自对企业价值的评估，投资双方通过谈判达成最终成交价值。影响最终成交价值的因素包括：

（1）风险资金的市场规模。风险资本市场上的资金越多，对风险企业的需求越迫切，会导致风险企业价值向上攀升。在这种情况下，风险企业家能以较小的代价换取风险投资家的资本。

(2) 退出战略。市场对上市、并购的反应直接影响风险企业的价值。研究表明，上市与并购均为可能的撤出方式，这比单纯的以并购撤出的方式更有利于提高风险企业的价值。

(3) 风险大小通过减少在技术、市场战略和财务上的风险与不确定性，可以提高风险企业的价值。

(4) 资本市场时机。一般情况下，股市走势看好时，风险企业的价值也看好。通过讨价还价后，双方进入签订协议的阶段，签订代表企业家和风险投资家双方愿望和义务的合同。关于合同内容的备忘录，美国东海岸、西海岸以及其他国家不尽相同，在美国西海岸，内容清单便是一个较为完整的文件，而在东海岸还要进行更为正规的合同签订程序。一旦最后协议签订完成，企业家便可以得到资金，以继续实现其经营计划中拟定的目标。在多数协议中，还包括退出计划，即简单概括出风险投资家如何撤出其资金以及当遇到预算、重大事件和其他目标没有实现的情况，将如何处理。

七、投资生效后的监管

投资生效后，风险投资家便拥有了风险企业的股份，并在其董事会中占有席位。多数风险投资家在董事会中扮演着咨询者的角色。他们通常同时介入好几个企业，所以没有时间扮演其他角色。作为咨询者，他们主要就改善经营状况以获取更多利润提出建议，帮助企业物色新的管理人员(经理)，定期与企业家接触以跟踪了解经营的进展情况，定期审查会计师事务所提交的财务分析报告。由于风险投资家对其所投资的业务领域了如指掌，因此其建议会很有参考价值。为了加强对企业的控制，在合同中通常加有可以更换管理人员和接受合并、并购的条款。

八、其他投资事宜

还有些风险投资公司有时也以可转换优先股形式入股，有权在适当时期将其在公司的所有权扩大，且在公司清算时，有优先清算的权利。为了减少风险，风险投资家们经常联手投资某一项目，这样每个风险资本家在同一企业的股权额在 20%～30%之间，一方面减少了风险，另一方面也为风险企业带来了更多的管理和咨询资源，而且为风险企业提供了多个评估结果，降低了评估误差。

如果风险企业陷入困境，风险投资家可能被迫着手干预或完全接管。他可能不得不聘请其他的能人取代原来的管理班子，或者亲自管理风险企业。

 思政融入案例

与发达国家相比，我国风险投资目前还处于起步阶段，缺乏对高新技术产业有效的运作，使高新技术产业大规模发展受到一定程度的抑制，许多方面还需完善。下面我们通过马云的阿里巴巴的事例对风险投资进行分析。

1999 年年初，马云决定回到杭州创办一家能为全世界中小企业服务的电子商务站点。回到杭州后，马云和最初的创业团队开始谋划一次轰轰烈烈的创业。大家集资了 50 万元，在马云位于杭州湖畔花园的 100 多平方米的家里，阿里巴巴诞生了。

这个创业团队里除了马云之外，还有他的妻子、他当老师时的同事、学生以及被他吸引来的精英。比如阿里巴巴首席财务官蔡崇信，当初抛下一家投资公司的中国区副总裁的头衔和 75 万美元的年薪，来领马云几百元的薪水。

由于网站的建立，来自美国的《商业周刊》还有英文版的《南华早报》最早主动报道了阿里巴巴，并且令这个名不见经传的小网站开始在海外有了一定的名气。但这时它却遭遇了发展的瓶颈：公司账上没钱了。后来由于蔡崇信的关系他得到了一笔"天使基金"——500 万美元，让马云喘了一口气。更让他意料不到的是，更大的投资者也注意到了他和阿里巴巴。1999 年秋，日本软银总裁孙正义约见了马云，并给了他 2000 万美元的软银投资，阿里巴巴管理团队绝对控股。

经过长达两年的熊市寒冬，2004 年 2 月 17 日，马云在北京宣布，阿里巴巴再获 8200 万美元的巨额战略投资。2005 年 8 月，雅虎、软银再向阿里巴巴投资数亿美元。之后，阿里巴巴创办淘宝网，创办支付宝，收购雅虎中国，创办阿里软件，一直到阿里巴巴上市。

2007 年 11 月 6 日，全球最大的 B2B 公司阿里巴巴在香港联交所正式挂牌上市，正式登上全球资本市场舞台。并且以 280 亿美元的市值超过百度、腾讯，成为中国市值最大的互联网公司。

当然，风险投资家也在里面大赚一番。作为阿里巴巴集团的两个大股东，雅虎和软银在阿里巴巴上市当天账面上获得了巨额的回报。阿里巴巴招股说明书显示，软银持有阿里巴巴集团 29.3% 的股份，而在行使完超额配售权之后，阿里巴巴集团还拥有阿里巴巴公司72.8% 的控股权。由此推算，软银间接持有阿里巴巴 21.33% 的股份。到收盘时，阿里巴巴股价达到 39.5 港元。市值飙升至 1980 亿港元(约 260 亿美元)，软银间接持有的阿里巴巴股权价值 55.45 亿美元。若再加上 2005 年雅虎入股时曾套现 1.8 亿美元，软银当初投资阿里巴巴集团的 8000 万美元如今回报率已高达 71 倍。

案例点评： 由阿里巴巴的案例可以看出风险投资对一个公司的重要性。所以，要实现企业的快速和超常规的发展，就必须把视野拓展得更宽一些。当今世界上一些最著名的大公司都是在资本运营的过程中实现超速发展的。当然，并不是所有的企业都具有超速发展的能力，也不是企业发展的任何阶段都能超速发展，能否抓住机会，不仅取决于企业本身，还与企业的投资环境有紧密关系。我国大部分非国有高科技企业的领导素质是比较高的，但是他们缺少的是更规范的市场环境。市场经济规律这个无形的巨手，推动着市场化的企业前进。马云深知在市场的海洋里大鱼吃小鱼的法则。虽然风险投资给了他极大的帮助，但是一直由阿里巴巴控股，即便成为中国的大企业，在跨国公司面前，仍然是小鱼，仍然面临被吃掉的风险。市场竞争的生存法则，激励他不安于现状，大胆引进风险投资，以求企业的长远发展。

(资料来源：软银投资阿里巴巴狂赚 71 倍。(道客巴巴，https://www.doc88.com/p-1751457367780.html))

 实验思考

1. 在中国风险投资继续发展壮大的路径有哪些？
2. 风险投资设计方案中需要注意的问题有哪些？

实验二十七 其他业务实训——资产管理业务

实验目的

本实验是证券投资学的后续配套实践环节。学生通过模拟实验，分析证券资产管理业务的具体操作流程；重点掌握资产管理业务洽谈、签约流程，后续监督的具体操作流程和相关注意事项；借此加强对资产管理业务的功能、地位的了解，培养学生资产管理业务的能力。

其他业务实训——
资产管理业务.mp4

实验要求

(1) 查找或制作资产管理业务的风险揭示书。
(2) 拟定定向资产管理合同。

实验内容

利用模拟交易软件进行证券资产管理业务的洽谈、交易、分析、投资实验。

实验材料

(1) 大智慧、同花顺、钱龙、通达信等金融数据库软件。
(2) 可登录相关财经网站、相关数据采集点的网络资源、各上市公司的官方网站。
(3) 学生端 PC 设备。
软件条件：国泰君安模拟交易所、同花顺模拟交易教学软件。

实验步骤

资产管理业务是指证券公司作为资产管理人，依照有关法律法规的规定与客户签订资产管理合同，根据资产管理合同约定的方式、条件、要求及限制，对客户资产进行经营运作，为客户提供证券及其他金融产品的投资管理服务的行为。资产管理业务包括三种：为单一客户办理定向资产管理业务、为多个客户办理集合资产管理业务、为客户特定目的办理专项资产管理业务。

资产管理业务管理中需要遵循以下原则：守法合规；公平公正；资格管理；约定运作；集中管理；风险控制。

一、资产管理业务的一般规定

(1) 证券公司办理定向资产管理业务，接受单个客户的资产净值不得低于人民币 100 万元。证券公司可以在此基础上提高本公司客户委托资产净值的最低限额。

(2) 证券公司办理集合资产管理业务，只能接受货币资金形式的资产。证券公司设立限定性集合资产管理计划的，接受单个客户的资金数额不得低于人民币 5 万元；设立非限定性集合资产管理计划的，接受单个客户的资金数额不得低于人民币 10 万元。

(3) 证券公司应当将集合资产管理计划设定为均等份额。客户按其所拥有的份额在集合资产管理计划资产中所占的比例享有利益、承担风险。

(4) 参与集合资产管理计划的客户不得转让其所拥有的份额，但是法律、行政法规另有规定的除外。

(5) 证券公司可以以自有资金参与本公司设立的集合资产管理计划。证券公司参与单个集合计划的自有资金不得超过计划成立规模的 5%，且不得超过 2 亿元；参与多个集合计划的自有资金总额，不得超过证券公司净资本的 15%。

(6) 证券公司可以自行推广集合资产管理计划，也可以委托其他证券公司或商业银行代为推广。

(7) 证券公司设立集合资产管理计划的，应当自中国证监会出具无异议意见或做出批准决定之日起 6 个月内启动推广工作，并在 60 个工作日内完成设立工作并开始投资运作。

(8) 证券公司进行集合资产管理业务投资运作，在证券交易所进行证券交易的，应当通过专用交易单元进行。集合资产管理计划资产中的证券，不得用于回购。

(9) 证券公司将其所管理的客户资产投资于一家公司发行的证券，按证券面值计算，不得超过该证券发行总量的 10%。

(10) 证券公司将其管理的客户资产投资于本公司、资产托管机构及与本公司、资产托管机构有关联方关系的公司发行的证券，应当事先取得客户的同意，事后告知资产托管机构和客户，同时向证券交易所报告。

二、资产管理业务流程

一般来说，资产管理业务流程如下：

(1) 客户准入及委托标准。

(2) 尽职调查及风险揭示。

证券公司应按照有关规则，了解客户身份、财产与收入状况、证券投资经验、风险认知与承受能力和投资偏好等，并获取相关信息和资料。

证券公司应当制作风险揭示书，交客户签字确认。

下面是风险揭示书的样本。

风险揭示书

尊敬的客户:

××证券有限责任公司(以下简称"本公司")已经中国证券监督委员会(以下简称"中国证监会")批准,具有开展定向资产管理业务的资格。为使您更好地了解定向资产管理业务的风险,根据法律、行政法规和中国证监会的有关规定,请您认真阅读本风险揭示书,慎重决定是否参与。

一、了解定向资产管理业务,区分风险收益特征

您在参与定向资产管理业务前,请务必了解定向资产管理业务的基础知识、业务特点、风险收益特征等内容,并认真听取管理人、托管人等对相关业务规则和定向资产管理合同内容的讲解。

定向资产管理业务是专门为机构和高端个人投资者提供的理财服务,可根据不同理财需求和风险偏好为客户量身定制不同的产品。定向资产管理业务的委托资产交由托管人托管,由管理人进行专业的投资运作。但是,定向资产管理业务也存在着一定的风险,管理人不承诺投资者资产本金不受损失或者取得最低收益。

二、了解定向资产管理业务风险

本定向资产管理计划可能面临的风险,包括但不限于以下几项:

(一)市场风险

市场风险是指投资品种的价格因受经济因素、政治因素、投资心理和交易制度等各种因素影响而引起的波动,导致收益水平变化,产生风险。市场风险主要包括:

1. 政策风险

货币政策、财政政策、产业政策等国家宏观经济政策的变化对资本市场产生一定的影响,导致市场价格波动,影响定向资产管理业务的收益而产生风险。

2. 经济周期风险

经济运行具有周期性的特点,受其影响,定向资产管理计划的收益水平也会随之发生变化,从而产生风险。

3. 利率风险

金融市场利率的波动会直接影响企业的融资成本和利润水平,导致证券市场的价格和收益率的变动,使定向资产管理业务收益水平随之发生变化,从而产生风险。

4. 购买力风险

投资者的利润将主要通过现金形式来分配,而现金可能因为通货膨胀的影响而导致购买力下降,从而使投资者的实际收益下降。

5. 上市公司经营风险

上市公司的经营状况受多种因素影响,如市场、技术、竞争、管理、财务等会导致公司盈利状况发生变化。

6. 衍生品风险

由于金融衍生品具有杠杆效应且价格波动剧烈,会放大收益或损失,在某些情况下甚至会导致投资亏损高于初始投资金额。

(二)管理风险

在定向资产管理计划运作过程中，管理人的知识、经验、判断、决策、技能等，会影响其对信息的获取和对经济形势、金融市场价格走势的判断，如管理人判断有误、获取信息不全、对投资工具使用不当等会影响定向资产管理计划的收益水平。

(三)流动性风险

委托资产不能迅速转变成现金，或者转变成现金会对资产价格造成重大不利影响的风险。流动性风险按照其来源可以分为两类：

(1) 市场整体流动性相对不足。证券市场的流动性受到市场行情、投资群体等诸多因素的影响，在某些时期成交活跃，流动性好；而在另一些时期，可能成交稀少，流动性差。

(2) 证券市场中流动性不均匀，存在个股和个券流动性风险。由于流动性存在差异，即使在市场流动性比较好的情况下，一些个股和个券的流动性可能仍然比较差，从而在进行个股和个券操作时，可能难以买入和卖出预期的数量，或买入卖出行为对个股和个券价格产生比较大的影响，增加个股和个券的建仓成本或变现成本。

(四)信用风险

信用风险是指发行人是否能够实现发行时的承诺，按时足额还本付息的风险，或者交易对手未能按时履约的风险。

(1) 交易品种的信用风险：投资于公司债券等固定收益类产品，存在着发行人不能按时足额还本付息的风险；此外，当发行人信用评级降低时，定向资产管理业务所投资的债券可能面临价格下跌风险。

(2) 交易对手的信用风险：交易对手未能履行合约，或在交易期间未如约支付已借出证券产生的所有股息、利息和分红，将使定向资产管理业务面临交易对手的信用风险。

(五)其他风险

(1) 技术风险。在定向资产管理业务的日常交易中，可能因为技术系统的故障或者差错而影响交易的正常进行或者导致投资者的利益受到影响。这种技术风险可能来自管理人、托管人、证券交易所、证券登记结算机构等。

(2) 操作风险。管理人、托管人、证券交易所、证券登记结算机构等在业务操作过程中，因操作失误或违反操作规程而引起的风险。

(3) 战争、自然灾害等不可抗力因素的出现，将会严重影响证券市场的运行，可能导致委托资产的损失，从而带来风险。

(六)相关机构不能履职的风险

担任定向资产管理业务管理人的证券公司或担任定向资产管理业务托管人的资产托管机构，因停业、解散、撤销、破产，或者被有权机构撤销相关业务许可等原因不能履行职责，可能给投资者带来一定的风险。

三、了解自身特点，制定适当的定向资产管理业务方案

投资者在参与定向资产管理业务前，应综合考虑自身的资产与收入状况、投资经验、风险偏好，制定与自己的风险承受能力相匹配的定向资产管理业务方案。

由上可见，参与定向资产管理业务存在一定的风险，您存在盈利的可能，也存在亏损的风险；管理人不承诺确保您委托的资产本金不受损失或者取得最低收益。

您已了解通过专用证券账户持有或者通过专用证券账户和其他证券账户合并持有上市公司股份达到规定比例时，应由您自行履行法律、行政法规和中国证监会规定的公告、报告、要约收购等义务，并自行承担未及时履行义务的法律责任。

本风险揭示书的揭示事项仅为列举性质，未能详尽列明投资者参与定向资产管理业务所面临的全部风险和可能导致投资者资产损失的所有因素。

投资者在参与定向资产管理业务前，应认真阅读并理解相关业务规则、《定向资产管理合同》及本风险揭示书的全部内容，并确信自身已做好足够的风险评估与财务安排，避免因参与定向资产管理业务而遭受难以承受的损失。

定向资产管理业务的投资风险由投资者自行承担，证券公司、资产托管机构不以任何方式对投资者资产本金不受损失或者取得最低收益作出承诺。

特别提示：投资者在本风险揭示书上签字，表明投资者已经理解并愿意自行承担参与定向资产管理业务的风险和损失。

客户：

(签字/盖章)

签署日期：

(注：自然人客户，请签字；机构客户，请加盖机构公章并由法定代表人或其授权代理人签字)

(3) 客户委托资产及来源。

客户委托资产可以是客户合法持有的现金、股票、债券、证券投资基金、集合资产管理计划份额、中央票据、短期融资券、资产支持证券、金融衍生品或中国证监会允许的其他金融资产。

(4) 客户资产托管。

(5) 客户资产独立核算与分账管理。

(6) 客户资产管理账户。

保存期限不得少于 20 年。

三、定向资产管理合同

定向资产管理合同应包括的基本事项有：

(1) 客户资产的种类和数额。

(2) 投资范围、投资限制和投资比例。

(3) 投资目标和管理期限。

(4) 客户资产的管理方式和管理权限。

(5) 各类风险揭示。

(6) 资产管理信息的提供及查询方式。

(7) 当事人的权利与义务。

(8) 客户所持有证券的权利的行使和义务的履行。

定向资产管理合同(合同编号：××证券 2021 第 1 号)(样本)

专用清算账户及资金划拨专用账户
注意：账户如有变更，请及时通知相关各方。 (1) 托管专户 户　　　名：××银行基金托管专户 账　　　号： 开户银行： (2) 托管费收入账户 户　　　名： 账　　　号： 开户银行： (3) 管理人费用收入账户 户　　　名：××证券有限责任公司 账　　　号： 开户银行： 　　　　　　　　　　　　　　　　　　　　××银行资产托管部 　　　　　　　　　　　　　　　　　　　　　年　　月　　日 　　　　　　　　　　　　　　　　　　　　××证券有限责任公司 　　　　　　　　　　　　　　　　　　　　　年　　月　　日

 思政融入案例

　　为全面落实对资本市场违法犯罪行为"零容忍"要求，规范上海资本市场秩序，2020 年 12 月 8 日，上海证监局通报近期监管执法中处理的 4 类典型违法违规案例。

　　在 4 起通报案例中，爱建证券因在从事资产管理业务过程中存在三大问题，被监管部门"点名"。一是未按照审慎经营原则，建立健全风险管理和内部控制制度，防范和控制风险。二是内部控制不完善，部分投资决策和管理缺乏审慎性，基金销售过程中存在误导性宣传和违反投资者适当性规定等情况。三是经营管理混乱，内部职能分工执行不到位、人员管理失当。

　　案例点评： 有些券商资管业务出现违规行为，但像爱建证券被暂停资管业务半年，是比较罕见的，也说明爱建证券资管业务违规的严重性、内控及管理的混乱性。在证券公司业务快速发展、资产管理领域竞争加剧的背景下，个别市场主体经营开展业务过程中重市场份额，轻合规管理，风险把控和内部管理滞后，极易引发相关风险。

　　　　　　(资料来源：上海证监局通报 4 类违法案例 单个涉案额多达 4.8 亿。东方财富网，
*　　　　　　　　　　　　　　　　https://finance.eastmoney.com/a/202012071726870275.html)*

 实验思考

1. 资产管理业务的风控应如何加强？
2. 资产管理业务的合同在拟定中需要注意的事项有哪些？

实验二十八 其他业务实训——资产证券化业务

实验目的

学生通过模拟实验，分析证券交易的具体操作流程，重点掌握资产证券化运作的具体操作流程和相关注意事项，借此加强对证券交易市场的功能、地位的了解，培养学生投资交易的能力。

实验要求

(1) 重组现金流，构造证券化资产。
(2) 组建特设信托机构，实现真实出售，达到破产隔离。
(3) 完善交易结构，进行信用增级。
(4) 资产证券化的信用评级。
(5) 安排证券销售，向发起人支付。
(6) 挂牌上市交易及到期支付。

实验内容

利用证券模拟交易软件，完成整个资产证券化所涉及的流程。

实验材料

(1) 大智慧、同花顺、钱龙、通达信等金融数据库软件；
(2) 可登录相关财经网站、相关数据采集点的网络资源、各上市公司的官方网站；
(3) 学生端 PC 设备。
软件条件：国泰君安模拟交易所、同花顺模拟交易教学软件。

实验步骤

资产证券化是以特定资产组合或特定现金流为支撑，发行可交易证券的一种融资形式。通俗而言就是指将缺乏流动性，但具有可预期收入的资产，通过在资本市场上发行证券的方式予以出售，以获取融资，以最大化提高资产的流动性。

一、资产证券化的类型

根据证券化的基础资产不同，可以把资产证券化分为不动产证券化、应收账款证券化、信贷资产证券化、未来收益证券化(如高速公路收费)、债券组合证券化等类别。

根据资产证券化发起人、发行人和投资者所属地域不同，可把资产证券化分为境内资产证券化和离岸资产证券化。

根据证券化产品的金融属性不同，可以分为股权型证券化、债券型证券化和混合型证券化。

二、资产证券化的运作

一个完整的资产证券化融资过程的主要参与者包括：发起人、投资者、特设信托机构、承销商、投资银行、信用增级机构或担保机构、资信评级机构、托管人及律师等。通常来讲，资产证券化的基本运作程序主要有以下几个步骤：

(1) 重组现金流，构造证券化资产。

(2) 组建特设信托机构，实现真实出售，达到破产隔离。

(3) 完善交易结构，进行信用增级。

(4) 资产证券化的信用评级。

(5) 安排证券销售，向发起人支付。

(6) 挂牌上市交易及到期支付。

三、资产证券化的意义

对于发起人来说，资产证券化可以增强资产的流动性。一方面，对于流动性较差的资产，通过证券化处理，将其转化为可以在市场上交易的证券，在不增负债的前提下，可以多获得一些资金来源，加快资金周转，提高资产流动性。另一方面，资产证券化可以在流动性短缺时获得除向商业银行获得贷款、贴现之外的救助手段，为整个金融体系增加一种新的流动性机制，从而提高流动性水平。

资产证券化还为发起者提供了更加有效的、低成本的筹资渠道。由于发起者通过资产证券化发行的证券具有比其他长期信用工具更高的信用等级，等级越高，发起者付给投资者的利息就越低，从而降低筹资成本。

资产证券化有利于发起者将风险资产从资产负债表中剔除出去，有助于发起者改善各种财务比率，提高资本的运用效率，满足风险资本指标的要求。

资产证券化还为发起者提供了更为灵活的财务管理模式，使发起者可以更好地进行资产负债管理，取得精确、有效的资产与负债的匹配。

总之，资产证券化为发起者带来了传统筹资方法所没有的益处，并且随着资产证券化市场的不断深入发展，愈加明显。

对于投资来说，资产担保类证券由于信用质量较高，因此提供了比政府担保债券更高的收益，可以帮助投资者扩大投资规模，为投资者提供了多样化的投资品种。现代证券化交易中证券一般不是单一品种，而是通过对现金流的分割和组合，可以设计出具有不同档级的证券，或形成合成证券，从而可以更好地满足不同投资者对期限、风险和利率的偏好。资产证券化技术可以提供无限证券品种和灵活的信用、到期日、偿付结构等，这样就可以"创造"出投资者需要的特定证券品种，这种多样性与结构的灵活性是资产证券化的良性特性，也是投资者最关注的性质。

四、案例分析

(一)华融资产管理公司资产处置信托项目实例分析

2003 年 6 月，中国华融资产管理公司和中信信托签署《财产委托合同》和《信托财产委托处置协议》，将 132.5 亿元的不良债权资产，委托中信信托投资公司设立三年期的财产信托，并将其中的优先级受益权转让给投资者。这就是被誉为"向资产证券化方向迈出了重要一步"的国内首创的资产处置方式——华融资产处置信托项目。华融资产处置信托项目充分利用了信托制度所提供的操作平台，属于资产处置的重大创新，这种以资产为基础的投资合同交易模式，不仅为金融资产管理公司及国有商业银行加快处置不良资产进行了有益的探索，而且其交易结构对于基础设施项目融资也有一定的参考价值。此外，商业银行还可充分利用这种信托项目模式管理其项目贷款，分散并控制有关项目贷款的风险。

根据华融资产管理公司公开披露的信息，华融资产处置信托项目交易是根据我国《信托法》及相关法律法规设立的合法信托，其交易模式可简述如下：

华融公司作为委托人，以其拥有的相应债权资产，以中信信托为受托人，设立财产信托。本信托设立时的受益人为华融公司，华融公司自本信托生效之日起享有全部信托受益权(包括全部的优先受益权和次级受益权)；本信托设立后，投资者可通过受让或其他合法方式取得本信托项下的优先级受益权，成为该信托的受益人。

(二)隧道股份 BOT 项目专项资产管理计划

2013 年 5 月 14 日，国泰君安资产管理有限公司设立的"隧道股份 BOT 项目专项资产管理计划"经中国证监会批准发行，成为 2014 年 3 月份证监会发布《证券公司资产证券化业务管理规定》新规后首只成功发行的资产证券化产品。

专项资产管理计划所募集的认购资金用于向隧道股份子公司大连路隧道公司购买基础资产，即相关合同中约定的 2013 年 4 月 20 日至 2017 年 1 月 20 日期间隧道专营权收入。通俗来说，就是隧道公司在专项资产管理计划募集结束后一次性收到募集资金，作为回报，隧道公司将把未来约定期间内从过路司机处收到的"买路钱"陆续交给"专项资产管理计划"这个"特殊目的载体"以偿还本金和利息。按照《证券公司资产证券化业务管理规定》，基础资产可以是财产权利或者财产，在此项计划中，基础资产指隧道未来部分时期专营权收入。

在隧道股份专项计划设立后，相关资产支持证券产品将申请在上海证券交易所挂牌转让，将成为第一只在上交所固定收益平台挂牌转让的资产支持证券。固定收益平台为资产支持证券提供多种转让方式选择和实时逐笔结算模式，并允许证券公司为产品提供做市服务。

上交所还将在固定收益平台推出协议回购功能，为资产支持证券的投资者提供回购融资。

为了防范风险，隧道股份专项计划为优先级证券投资者的利益作出了有效保障：

专项计划采用优先/次级结构和外部担保机制进行信用增级，由原始权益人大连路隧道公司持有次级产品，并由隧道股份的控股股东上海城建集团为未来现金流的偿还提供担保。

从这个案例可以看出几个特点：

(1) 投资者以资产支持证券还本付息的形式获得基础资产产生的未来收益。基础资产的原始权益人(融资方)，在本例中为隧道股份通过出售证券化资产的未来收益，获得现金。这在本质上仍然属于债务融资，融资方和投资方通过资产证券化运作分别拓宽了融资和投资渠道。

(2) 只是将隧道未来部分期间的收益权作为基础资产，隧道这项资产仍然保留在隧道股份的资产负债表中，没有出表。

(3) 发行后可以在交易所交易转让。这将大大提高证券的流动性。

(4) 上海证券交易所将允许证券公司提供做市商服务。做市商连接并集中原本分散进行的债券交易，从而活跃市场，提高证券流动性。

(5) 证券信用增信。资产支持证券主要的风险是未来现金流的确定性。未来现金流难以控制，需要增信机制以提供持有人信心，降低融资成本，比如担保抵押等。本例中由隧道股份的控股股东为未来偿还提供担保。

让我们看看资产证券化业务将给证券公司带来什么样的影响。在分析中信证券的年报时提到，券商的典型业务分部可以分成：经纪及服务、投资银行、资产管理、投资及信贷四个部门。

通过上面的分析，我们可以看到，资产证券化业务将可能对证券公司的资产负债表和损益表产生如下影响：

(1) 资产支持证券承销收入。这项收入可以归属于投资银行部门。

(2) 资产支持证券存续期内的资产管理费收入。这项收入可以归属于资产管理部门。

(3) 做市收入。刚才提到上交所将允许证券公司为产品提供做市服务，只是目前还不知道具体怎么展开。这项收入归属于经纪及服务部门，需要消耗资本。

(4) 自营投资收益。监管层同意管理人可以自有资金或其管理的集合资产管理计划、其他客户资产、证券投资基金认购资产支持证券。

上述(1)、(2)项收入是服务收入，不需要资本投入，(3)、(4)项收入需要消耗资本。

由此可见，资产证券化业务将可能对证券公司的主要业务部门及资产负债表和损益表都产生重要影响。凭借券商自身的产品设计、资产定价、风险收益分析等技术层面的优势，券商将是资产证券化市场的主角。同时相关证券化产品的柜台交易和证券托管也将催生券商的其他服务，包括衍生品、量化对冲等产品均可以应用到资产管理中，从而增加收入和利润来源，提升 ROE(净资产收益率)水平，推动证券公司盈利模式的转型。

(三)海印股份拟发行以商业物业租金为基础资产的资产支持证券

海印股份 2013 年 5 月 16 日发布公告《关于设立海印股份专项资产管理计划的议案》，拟发行以商业物业租金为基础资产的资产支持证券。

海印股份主营业务包括商业物业运营业务和高岭土业务两大板块,在公司商业物业运营业务领域,公司全资控股及附属经营管理的商场遍及电器、时装、家居布艺、潮流时尚、IT 数码、运动用品等行业,已发展成为当地行业领军企业。商业物业运营业务每年能为公司带来稳定的现金流入,2012 年度公司物业出租及管理业务收入达到 7.72 亿元,且未来呈稳定增长的趋势。为满足公司经营发展的需要,拓宽融资渠道,公司拟以其中经营管理的 15 家综合性商业物业的经营收益权为基础,设计资产证券化方案。公司本期资产证券化拟通过中信建投证券股份有限公司申请设立海印股份专项资产管理计划进行融资。

本期拟进行资产证券化的基础资产为"原始权益人因经营管理特定商业物业而享有的商业物业自专项计划成立之次日起五年内的经营收益权"。企业资产证券化产品,主要面向基金、券商、财务公司、企业等交易所的机构投资者发行,并在沪、深证券交易所的固定收益证券综合电子平台(综合协议交易平台)挂牌转让,并可通过券商做市、协议回购等途径增加二级市场流动性。

这个例子和隧道股份并没有本质区别,其特点是以商业地产未来租金作为基础资产。虽然《证券公司资产证券化业务管理规定》中规定了可以以商业地产收益权作为基础资产,但是在房地产调控的敏感档口,不知道证监会会不会批准。

 **思政融入案例**

深圳证监局关于对长城证券股份有限公司采取出具警示函监督管理措施

经检查,长城证券股份有限公司在从事资产证券化业务过程中,存在如下问题:一是尽职调查不充分,现金流预测不合理,未建立相对封闭、独立的基础资产现金流归集机制;二是存续期间未有效督促资产服务机构履行义务,未有效进行基础资产现金流跟踪检查;三是临时报告、定期报告未完整、如实披露基础资产现金流归集情况。

以上情形,违反了《证券公司及基金管理公司子公司资产证券化业务管理规定》第十三条、第四十二条、第四十四条,以及《证券公司及基金管理公司子公司资产证券化业务尽职调查工作指引》第十三条的有关规定。

案例点评: 依据《证券公司及基金管理公司子公司资产证券化业务管理规定》第四十六条的规定,深圳证监局决定对此公司采取出具警示函的监督管理措施,措施自决定书下发之日起执行。要求长城证券股份有限公司应加强资产证券化业务的内控管理,认真开展自查整改。

(资料来源:深圳证监局网站)

 **实验思考**

1. 资本证券化可选标的主要特征有哪些?
2. 如何加强对资本证券化的监督管理?

实验二十九　其他业务实训——并购业务

实验目的

通过查找企业并购案例及其相关的背景和内容，从而对企业并购有整体认识；掌握企业并购的含义及类型。

了解企业并购的过程并掌握一般步骤的操作；学会使用企业并购不同阶段所需的工具，如查找和下载专利、下载公告、财务数据等。

了解信息披露、上市公司公告、非正式公告等概念；掌握中国上市公司信息披露的形式和主要内容；学会查找并下载企业公告。

根据企业的并购战略，选择企业的并购目标。

学会看证券 K 线图，通过股票价格进行企业估值。

理解各种并购绩效评价方法；掌握财务绩效分析方法。

实验要求

(1) 通过上网查找相关新闻、报刊等搜索企业并购案例；
(2) 针对具体案例的具体情况分析并购类型；
(3) 了解企业并购的整个发生过程；
(4) 分析企业并购结果，从财务、技术等角度分析。

实验内容

查找一个近五年内发生的企业并购案例，详述其并购的动因、过程和结果，并总结从该并购案例中得到的启示。

针对企业并购的每一阶段使用到的工具进行简要的说明，并对各阶段过程的结果截图。

在巨潮资讯网上查找一个 2012 年重大资产并购重组公告草案或修订案，并摘录出其重要属性。

阐述你找到的企业并购案中并购目标方选择的原因。

根据你找到的并购案例，查看软件并购方连续十天的股票走势图，并予以分析，再找出一个 K 线组合(早晨之星、黄昏之星、孕育型、三乌鸦等任选一个)。

根据你找到的并购案例，对并购方的并购绩效进行评价。

实验材料

(1) 通过上网查找相关新闻或通过图书馆查阅企业并购相关书籍和报纸搜索企业并购案例。

(2) 股票软件，如同花顺、国泰君安模拟交易所等。

(3) 根据企业自身特点制定并购企业标准筛选目标企业。

(4) 财务报表、Excel。

实验步骤

一、企业并购概述

企业有两种产品，一种是生产的产品，如华为手机；另一种是企业的股权，即企业本身也是可交易的产品。并购就是围绕后一种产品说的。并购是兼并和收购的简称；是建立在企业法人平等自愿、等价有偿基础上，以一定经济方式取得其他法人产权的行为；是企业进行资本运作和经营的一种主要形式。

并购的种类有很多，按照行业角度可划分为横向并购、纵向并购、混合并购；按照企业并购的付款方式划分，可分为现金购买资产、现金购买股票、股票购买资产、股票交换股票、债权转股方式、间接控股、承债式并购、无偿划拨等并购；按照并购企业的行为来划分，可分为善意并购和敌意并购。

二、企业并购的步骤及使用的工具软件

对企业而言，扩大公司的产能和规模，降低成本，从而强化竞争实力的途径有两个：一种是增量方式，即大量资金的投入，建设新的生产线、技术改造等形式；另一种是存量资产的重新配置，即通过并购扩大企业规模和产能，其优点是投入不多，可以在较短时间内扩大能力，降低成本，从而及时把握市场机会。目前企业并购对企业发展已经起到了越来越重要的作用。

一般来说，企业的并购行为从仅有一个模糊的并购意向到成功地完成并购需要经历九个阶段：

(1) 企业决策机构做出并购决议——企业股东会或董事会根据企业发展战略，对企业进行并购形成一致意见，作出决议；并授权有关部门寻找并购对象。

(2) 确定并购对象——一是通过产权交易市场搜寻并购对象；二是并购双方直接洽谈，达成并购意向，制定并购方案并向有关部门提出申请。

(3) 尽职调查，提出具体并购方案——并购企业对目标企业所提供的资料，如企业法人证明、资产和债务明细、职工构成等进行详细调查，逐一审核；在此基础上提出具体的并购方案。

(4) 报请国有资产管理部门审批。

(5) 资产评估，清理债权债务，确定资产或产权的转让底价。

(6) 确定成交价格——可以通过产权交易市场公开挂牌，以协议、拍卖或招标的方式，确定市场成交价格。

(7) 签署并购协议。

(8) 办理产权转让的清算及法律手续。

(9) 发布并购公告。

在整个并购阶段中可以使用的研究方法有：专利引文分析法；词频统计分析法；关联分析法；产业技术路线法；企业技术竞争情报分析法；企业技术基础设施调研法；高产发明人检测法；企业技术估值分析法；技术互补性分析法；技术相似性分析法；技术检测法；技术整合法等。

三、企业并购——公司公告

信息披露主要是指公众公司以招股说明书、上市公告书以及定期报告和临时报告等形式，把公司及与公司相关的信息向投资者和社会公众公开披露的行为。是企业和投资者及社会公众全面沟通信息的桥梁。目前，投资者和社会公众对上市公司信息的获取，主要是通过大众媒体阅读各类临时公告和定期报告。投资者和社会公众在获取这些信息后，可以作为投资抉择的主要依据。

三步法读公司公告：第一步，初步浏览公告内容，投资者应关注可能对公司资产、负债、权益和经营成果产生重要影响，可能对股价产生较大影响的公告。第二步，详细分析公告细节。分析公告说明事项的具体情况、该事项的背景、进展情况及真实性。是已经发生的，还是意向性的，执行是否有其他前置条件或不确定性，该事项存在哪些风险及对公司的影响。第三步，全面了解上市公司。投资者可查阅上市公司最近的年报、半年报、季报，一方面关注上市公司的经营业绩、分红方案、业绩预告等信息，还要关注资金来源、销售渠道、管理人素质三方面的问题。

四、企业并购——目标选择

制定了并购战略之后就要开始实施并购行为。首先需要解决的问题是要并购谁。企业应当对可并购对象进行全面、详细的调查分析，根据并购动机与目的，筛选合适的并购对象。

筛选备选目标主要从以下几方面考量：

(1) 目标企业是否符合并购企业的战略目标；

(2) 目标企业在某行业中的市场地位；

(3) 目标企业的盈利能力；

(4) 目标企业的杠杆水平；

(5) 目标企业的市场份额；

(6) 目标企业的技术状况；

(7) 目标企业竞争者取得或模仿其技术的难度；

(8) 目标企业服务的竞争优势；

(9) 目标企业在位的管理层、技术人员和其他关键管理人员的状况。

需要掌握四方面原则。

1．并购的目标企业选择要符合企业的最高战略

并购不是战略，并购只是更好地实现企业战略的战术工具。并购的一切工作要围绕企业的最高战略展开，从根本上保证目标企业的战略匹配。

2．并购的目标企业选择要确保并购协同效应的最大化

并购的目的就是实现一加一大于二的协同效应，与并购方企业没有协同效应的目标企业不是理想的并购目标对象，一般重要的协同之处包括财务协同、成本协同、市场协同、品牌协同等方面。

3．并购的目标企业选择要确保并购以后的整合顺利开展

在选择并购目标企业时就要初步设计针对目标企业的整合策略。如果一个企业很容易并购，但是却不容易被消化整合，这个企业就不是合适的并购目标企业。目标企业能否在并购后被同化整合，有几个方面需要重点考察：人力资源，尤其是高管团队；目标企业的文化理念是否与并购方企业相近或相容；目标企业的市场客户、战略伙伴的态度是否友好。

4．并购的目标企业选择要确保风险最小化

并购是高风险高回报的，并购方企业要想通过并购迅速做强做大，就要正视企业并购的高风险性，将并购风险控制在可以掌控的范围内。并购的风险种类主要有战略风险、财务风险、法律风险。针对并购目标企业可能出现的各种风险都要做好充分的风险管控方案准备，选择目标企业时应该尽量选择没有风险的企业。如果有风险，尽量选择能够规避、转移的目标企业，至于那些一定要面对的并购目标企业的风险，就要选择控制成本与代价最小的那些目标企业。

五、企业并购估值

企业估值是指对企业的内在价值进行评估。企业内在价值决定于企业的资产及其获利能力。财务模型和企业估值是投资银行的重要方法，广泛运用于各种交易，如筹集资本、收购合并、企业重组、出售资产或业务等活动。企业估值有利于我们对企业或其业务的内在价值进行正确评价，从而确立对各种交易进行定价的基础。

六、企业并购——财务报表及并购绩效评价

(一)财务报表

财务报表是企业财务核算工作的结果，也是企业内部提供财务信息的主要手段，它将企业庞杂的财务信息集中在几张表格上，对企业的经营进行明确的记述。财务报表体系中

的三张最主要的财务报表有：资产负债表、利润及损益表和现金流量表。

(二)并购绩效评价

国内外发生的无数并购实例，并不是每一起并购都能够使并购双方企业如愿以偿，事实上许多企业即时就会面临经营危机，另有一些企业在经历短暂的收益飙升后就会陷入并购后的泥沼。如何评价企业并购绩效，反映企业并购的效果对评价企业并购的得失成败有积极意义，也为企业进行经营决策和战略决策提供了依据。

1. 盈利能力指标

(1) 营业利润率。计算公式为

$$营业利润率=营业利润/营业收入×100\%$$

营业利润率越高，表明企业市场竞争力越强，发展潜力越大，盈利能力越强。在实务中，也经常使用销售毛利率、销售净利润等指标来分析企业经营业务的获利水平。其计算公式分别如下：

$$销售毛利率=(销售收入-销售成本)/销售收入×100\%$$

$$销售净利润=净利润/销售收入×100\%$$

(2) 成本费用利润率。计算公式为

$$成本费用利润率=利润总额/成本费用总额×100\%$$

其中，成本费用总额=经营成本+营业税金及附加+销售费用+管理费用+财务费用

成本费用利润率越高，表明企业为取得利润而付出的代价越小，成本费用控制得越好，盈利能力越强。

(3) 盈余现金保障倍数。计算公式为

$$盈余现金保障倍数=经营现金净流量/净利润$$

盈余现金保障倍数能反映企业当前净利润中现金收益的保障程度，真实反映了企业盈余的质量。一般来说，当企业当期净利润＞0 时，盈余现金保障倍数应当＞1。该指标越大，表明企业经营活动产生的净利润对现金的贡献越大。

(4) 总资产报酬率。计算公式为

$$总资产报酬率=息税前利润总额/平均资产总额×100\%$$

其中，息税前利润总额=利润总额+利息支出

一般情况下，总资产报酬率越高，表明企业的资产利用效益越好，整个企业盈利能力越强。

(5) 净资产收益率。计算公式为

$$净资产收益率=净利润/平均净资产×100\%$$

其中，平均净资产=(所有者权益年初数+所有者权益年末数)/2

净资产收益率反映了企业自有资金的投资收益水平。一般认为，净资产收益率越高，企业自有资本获取收益的能力越强，运营效益越好，对企业投资人、债权人利益的保证程度越高。

(6) 资本收益率。计算公式为

$$资本收益率=净利润/平均净资本×100\%$$

其中，平均资本=(实收资本年初数+资本公积+实收资本年末数+资本公积年末数)/2
资本收益率反映企业实际获得投资额的回报水平。

2. 成长能力指标

企业成长能力是指企业未来发展趋势与发展速度，包括企业规模的扩大、利润和所有者权益的增加。企业成长能力是随着市场环境的变化，企业资产规模、盈利能力、市场占有率持续增长的能力，反映了企业未来的发展前景。

(1) 主营业务收入增长率。计算公式为

主营业务收入增长率=(本期的主营业务收入−上期的主营业务收入)/上期主营业务收入

通常具有成长性的公司都是主营业务突出、经营比较单一的公司。因此，利用主营业务收入增长率这一指标可以较好地考察公司的成长性。主营业务收入增长率高，表明公司产品的市场需求大，业务扩张能力强。如果一家公司能连续几年保持 30%以上的主营业务收入增长率，基本上可以认为这家公司具备成长性。

(2) 主营利润增长率。计算公式为

主营利润增长率=(本期主营业务利润−上期主营利润)/上期主营利润

一般来说，主营利润稳定增长且占利润总额的比例呈增长趋势的公司正处在成长期。一些公司尽管年度内利润总额有较大幅度的增加，但主营业务利润却未相应增加，甚至大幅下降，这样的公司质量不高，投资这样的公司，需要警惕。可能蕴藏巨大风险，也可能存在资产管理费用居高不下等问题。

(3) 净利润增长率。计算公式为

净利润增长率=(本期净利润−上期净利润)/上期净利润

净利润是公司经营业绩的最终结果。净利润的增长是公司成长性的基本特征，净利润增幅较大，表明公司经营业绩突出，市场竞争能力强；反之，净利润增幅小甚至出现负增长，也就不具有成长性。

(4) 股本比重。计算公式为

股本比重=股本(注册资金)/股东权益总额

股本比重反映企业扩展能力大小。

(5) 固定资产比重。计算公式为

固定资产比重=固定资产总额/资产总额

固定资产比重衡量企业的生产能力，体现企业存在增产的潜能。

3. 偿债能力指标

(1) 流动比率。

流动比率是流动资产与流动负债的比值。其计算公式为

流动比率=流动资产/流动负债

流动比率可以反映公司的短期偿债能力。经验表明生产型公司的流动比率维持在 2 比较合适。因为当流动资产中变现能力较差的存货等资产占流动资产的一半左右时，流动负债的清偿才有所保障。流动比率排除了公司规模不同的影响，更适合公司之间以及本公司不同历史时期之间的比较。

（2）速动比率。

速动比率是从流动资产中扣除存货部分再除以流动负债的比值。其计算公式为

$$速动比率=(流动资产-存货)/流动负债$$

在计算速动比率时把存货从流动资产中扣除的主要原因在于以下几个方面：

① 在流动资产中，存货的变现速度最慢。

② 由于某种原因，部分存货可能已损失报废但尚未处理。

③ 部分存货已抵押给某些债权人。

④ 存货估价还存在着与合理市价相差悬殊的问题。

综合上述原因，在不希望企业用变卖存货的办法还债以及排除使人产生种种误解因素的情况下，把存货从流动资产总额中扣除后计算出的速动比率，其所反映的短期偿债能力更令人信服。

一般认为，速动比率维持在 1 比较合适。这表明每 1 元的流动负债就有 1 元容易变现的流动资产来抵偿。短期偿债能力就有可靠保障。速动比率过高，表明公司在速动资产上占用的资金过多，有可能增加企业投资的机会成本；过低则表明公司的短期偿债风险较大。不同行业的速动比率有不同的标准，所以投资者在分析速动比率时必须考虑行业的特点。

（3）现金比率。

现金比率是指公司在会计期末拥有的现金余额和同期各项流动负债总额的比率。其计算公式为

$$现金比率=现金余额/流动负债$$

$$经营净现金比率=经营活动中的净现金流量/流动负债$$

该比率反映公司获得现金并用来偿还短期债务的能力。

（4）利息保障倍数。

利息保障倍数指企业息税前利润与利息费用的比率，用以衡量企业偿付借款利息的能力。其计算公式为

$$利息保障倍数=息税前利润/利息费用$$

公式中的"息税前利润"是利润表中未扣除利息费用和所得税之前的利润，可以用"利润总额加利息费用"来预测。

公式中的"利息费用"是本期发生的全部应付利息，不仅包括财务费用中的利息费用，还应包括计入固定资产成本的资本化利息。利息保障倍数的作用是衡量企业支付利息的能力，没有足够大的息税前利润，资本化利息的支付就会发生困难。

4. 营运能力指标

营运能力指公司经营管理中利用资金营运的能力。一般通过公司资产管理比率来衡量，主要表现为资产管理及资产利用的效率。

（1）存货周转率和存货周转天数。

存货周转率和存货周转天数反映了公司存货的流动性，是衡量公司生产经营中存货营运效率的指标。其中存货周转率是衡量和评价公司购入存货、投入生产、销售收回等环节管理状况的综合性指标。其计算公式为

$$存货周转率=销售成本/平均存货$$

存货周转天数=360/存货周转率

公式中的"销售成本"数据来源于利润表;"平均存货"数据来源于资产负债表中的"存货"期初余额与期末余额的平均值。

通常,存货周转速度越快,存货转为现金或应收账款的速度越快,公司管理的效率越高;反之亦然。但存货周转率并非越高越好。投资者在分析时还应对存货的结构以及影响存货周转速度的重要项目进行分析。

(2) 应收账款周转率和周转天数。

应收账款和存货一样,在流动资产中有着举足轻重的地位。及时收回应收账款,不仅增强了企业的短期偿债能力,也反映出企业在管理应收账款方面的效率。用时间表示的应收账款周转率就是应收账款周转天数。其计算公式为

应收账款周转率=销售收入/平均应收账款

应收账款周转天数=360/应收账款周转率

公式中的"销售收入"数据来自损益表,是扣除折扣和折让后的销售净额。"平均应收账款"是未扣除坏账准备的应收账款金额,是资产负债表中的"应收账款"期初余额与期末余额的平均值。

一般来说,应收账款周转率越高、平均收账期越短,说明应收账款的收回越快;否则,企业的营运资金会过多地呆滞在应收账款上,影响企业正常的资金周转。

(3) 固定资产周转率。

固定资产周转率是销售收入与全部固定资产平均余额的比值。其计算公式为

固定资产周转率=销售收入/平均固定资产

平均固定资产=(年初固定资产+年末固定资产)/2

该比率是衡量企业运用固定资产效率的指标,比率越高,表明固定资产运用效率越高,利用固定资产的效果越好。

(4) 总资产周转率。

总资产周转率是销售收入与平均资产总额的比值,它反映公司总资产的周转速度。其计算公式为

总资产周转率=销售收入/平均资产总额

公式中的"平均资产总额"是资产负债表中的"资产总计"期初余额与期末余额的平均值。总资产周转率越高,说明公司的总资产周转得越快,销售能力越强。

证监会调查国联、国金并购泄密事件

传闻已久的券业合并在上周迎来"实锤",这次将合并的两家公司是国联证券和国金证券。

2020年9月20日,国联证券公告称,公司于2020年9月18日与长沙涌金签订了股份转让意向协议,拟受让长沙涌金持有的国金证券约7.82%的股份,同时国联证券与国金证券正在筹划以由国联证券向国金证券全体股东发行A股股票的方式换股吸收合并国金证

券。本次合并预计构成重大资产重组。

目前，国联证券与国金证券均已停牌，并公告称，因本次收购与本次合并尚处于筹划阶段，存在不确定性，为保证公平信息披露，维护投资者利益，避免造成公司股价异常波动，经公司向上海证券交易所申请，公司 A 股股票自 2020 年 9 月 21 日起停牌，预计停牌时间不超过 10 个交易日。两家公司的并购被业内认为是"蛇吞象"式并购重组。

2020 年 9 月 18 日，国联证券、国金证券两家公司股票涨停。2020 年 9 月 19 日，有媒体报道，国联证券即将收购国金证券。2020 年 9 月 20 日，两家公司披露相关公告。据网上传播的"坊间公告"称，在 9 月 20 日两家公司官宣将合并消息前，已有多家媒体曝光了该消息。对此，市场有质疑两家公司是否涉嫌信披违规及存在内幕交易。

证监会新闻发言人常德鹏 25 日表示，证监会已启动对两公司的核查，根据相关规定，要求公司自查、提交内幕信息知情人名单，并启动核查。如核查发现违法违规行为，证监会将依法及时查处，坚决落实"零容忍"要求。

案例点评： 根据上市公司重大资产重组管理办法(2020 年修订)第六十条，任何知悉重大资产重组信息的人员在相关信息依法公开之前，泄露该信息、买卖或建议他人买卖相关上市公司证券、利用重大资产重组散布虚假信息、操纵证券市场或者进行欺诈活动的，中国证监会按照《证券法》相关规定予以处罚；涉嫌犯罪的，依法移交司法机关追究刑事责任。

(资料来源：东方财富网)

 **实验思考**

1. 并购的目的是什么？
2. 反并购的措施与手段有哪些？

实验三十　模拟投资分析报告

 **实验目的**

证券投资基本分析包括宏观分析、行业分析、微观分析。本实验通过设置不同的实训任务，使学生掌握证券投资基本分析的规则与流程，能够在实践中利用基本面分析进行理财。

 **实验要求**

(1) 学习使用相关的软件系统，掌握基本面分析的主要方法。分析宏观经济因素及环境，判断证券投资的大气候，准确选择适当的投资机会，确定投资种类完成如表 30-1 所示的分析报告。

表 30-1　宏观经济分析实验报告

实验名称	宏观经济分析		
实验组成员			
实验准备			
实验目的	登录有关证券网站或金融数据库，查询有关宏观经济运行情况，得出宏观经济运行与证券市场运行的关系，学会利用互联网查找资料的方法		
实验设计方案	分析宏观经济因素及环境，判断证券投资的大气候，准确选择适当的投资机会，确定投资种类。 1.登录中国国家统计局官方网站，查询 GDP、财政支出和货币供给量等信息； 2.对该信息作出相应的解释； 3.最后做出该类信息与证券市场的影响		

数据资料及分析方法

1. 近年来 GDP 总量及其增长率分析

通过访问中国国家统计局以及财经资讯网，收集整理了 2015—2020 年我国 GDP 总量。

2015 年(亿元)	2016 年(亿元)	2017 年(亿元)	2018 年(亿元)	2019 年(亿元)

2020 年(亿元)

通过分析我国的 GDP 的年增长率，可以知道，2016 年的 GDP 比 2015 年同比增长 X%；2017 年的 GDP 比 2016 年同比增长 X%；……2020 年的 GDP 比 2019 年同比增长 X%

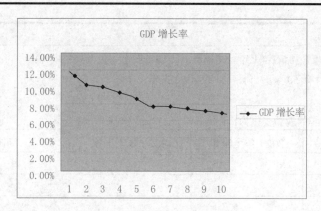

根据数据和经济增长分析，2021年增长率会维持在(　？　)%左右。

2. 近年来财政收支情况分析

同上

3. 近年来货币量变化情况

同上

近年来证券市场的变化情况同经济的变动的关系：

证券市场的变化快于经济周期半年左右。

实验结论及总结	
实验结论	1.通过分析GDP及增长率，可以知道……
	2.通过分析财政支出，可以知道……
	3.通过分析货币供给量，可以知道……
实验总结	1.学会查询宏观经济信息
	2.学会分析宏观经济信息
成绩	

(2)　登录有关证券网站或金融数据库，查询行业分类和有关行业的情况，运用行业分析选择投资对象和投资时机。学会利用互联网查找资料的方法。完成如表30-2所示的实验报告。

表30-2　行业分析实验报告

实验名称	行业分析		
实验组成员			
实验准备			
实验目的	登录有关证券网站或金融数据库，查询行业分类和有关行业的情况，运用行业分析选择投资对象和投资时机。学会利用互联网查找资料的方法		
实验设计方案	1.使用证券软件，查询各种行业信息；		
	2.对该行业作出相应的分析；		
	3.最后做出该类信息与证券市场的影响		

续表

数据资料及分析方法

1. 收集某行业的上市公司情况(上市公司家数、市场占有率、市场集中度等)

光学光电子行业一共有 50 家上市公司。截至 2021 年上半年，共有 30 家盈利，13 家亏损，持平或其他 7 家。

该行业 2021 年上半年的业绩变化为：

单位：亿元	2021 年上半年	2020 年上半年	同比变化(%)
营业收入			
营业利润			
利润总额			
净利润			
毛利率(%)			
净利率(%)			
净资产收益率(%)			

2. 选取四个代表性市场类型的行业，分析其产品销售、利润率的高低、市场占有率等，分析哪类市场投资价值最大。

采掘业：

单位：亿元	2021Q2	2020Q2	同比变化(%)
营业收入			
营业利润			
利润总额			
净利润			
毛利率(%)			
净利率(%)			
净资产收益率(%)			

3. 选取不同行业周期的行业进行比较。(不同行业生命周期的特点、利润、成本、销售、单位售价的对比)

实验结论及总结

实验结论	1.通过分析行业总体数据，可以知道……
	2.通过分析类比行业数据，可以知道……
实验总结	1.学会查询行业相关信息
	2.学会分析行业相关信息
成绩	

(3) 登录有关证券网站、金融数据库等，通过股票代码查询上市公司基本面情况，对公司经营状况以及财务报表等基本情况进行分析，选择合适的投资对象和投资时机。同时，学会利用互联网查找资料的方法。完成如表 30-3 所示的分析报告。

表 30-3　公司分析实验报告

实验名称	公司分析		
实验组成员			
实验准备			
实验目的	登录有关证券网站、金融数据库等，通过股票代码查询上市公司基本面情况，对公司经营状况以及财务报表等基本情况进行分析，选择合适的投资对象和投资时机。同时，学会利用互联网查找资料的方法		
实验设计方案	对个别公司的分析，是从企业内部角度具体分析，哪些公司或企业的证券是值得投资的、值得持有。它是证券投资者最具体、最直接的参考依据。 软件条件：同花顺模拟交易教学软件 1.大智慧、同花顺、钱龙、通达信等金融数据库软件； 2.可登录相关财经网站的相关数据采集点网络资源； 3.学生端 PC 设备		
数据资料及分析方法			
1. 收集某上市公司情况(行业地位、地域板块、产品情况、经营能力、成长性等) 2. 公司财务报表解读(每股收益、每股公积金、每股净资产值、净资产收益率、每股现金流量、股本结构、产品结构、风险提示等)			
实验结论及总结			
实验结论	1.通过分析个股财务数据，可以知道…… 2.通过分析个股类比行业数据，可以知道……		
实验总结	1.学会查询个股相关信息 2.学会分析个股相关信息		
成绩			

 实验内容

　　登录有关证券网站或金融数据库，查询有关宏观经济运行情况，得出宏观经济运行与证券市场运行的关系，学会利用互联网查找资料的方法。从分析企业集合的产业概况、竞争生态、运行周期等因素着手，了解产业发展的共同特征，以便对所要投资对象的经营环境优劣情况做出准确判断，有利于正确地选择出企业来进行投资。对个别公司的分析，是从企业内部角度具体分析，哪些公司或企业的证券是值得投资的、值得持有，它是证券投资者最具体、最直接的参考依据。

 实验材料

　　(1)　大智慧、同花顺、钱龙、通达信等金融数据库软件。
　　(2)　可登录相关财经网站、相关数据采集点的网络资源、各上市公司的官方网站。

(3) 学生端 PC 设备。

软件条件：国泰君安模拟交易所、同花顺模拟交易教学软件。

 实验步骤

一、证券投资的宏观分析

(1) 宏观经济因素：宏观经济环境状况及其变动对证券市场价格的影响。包括宏观经济运行的周期性波动等规律性因素和政府实施的经济政策等政策性因素。

(2) 政治因素：影响证券市场价格变动的政治事件。

(3) 法律因素：一国的法律特别是证券市场的法律规范状况。

(4) 军事因素：主要指军事冲突造成的社会经济生活的动荡。

(5) 文化、自然因素：一般而言，文化程度高的较理性，证券市场价格较稳定；反之，则波动性较大。自然状况差对证券价格的影响也很大。

二、证券投资的产业分析

行业因素分析主要是分析行业发展前景和区域经济发展状况对证券市场价格的影响。行业处于不同发展阶段，会在经营状况及其前景方面有较大的差异。区域经济发展水平对上市公司的发展起着制约作用。这些必然在证券价格上表现出来。

(1) 行业的市场类型：完全竞争型、不完全竞争型、寡头垄断型、完全垄断型。

(2) 经济运行周期性：宏观经济周期一般经过四个阶段——初创阶段、成长阶段、成熟阶段、衰退阶段。

(3) 行业变动的影响因素：影响行业变动的因素主要有技术进步、政府政策、行业组织创新、社会习惯的改变以及经济的全球化。

三、证券投资的公司分析

证券投资公司分析重点是对公司的经营战略进行分析，从而确定公司在所属行业中处于何种地位。它包括：公司的竞争地位分析、公司的盈利能力及增长性分析和公司的经营管理能力分析。

1. 公司的竞争地位分析

公司的竞争地位分析主要分析公司的技术水平、管理水平、市场开拓能力和市场占有率、资本与规模效益以及项目储备及新产品开发等方面。

2. 公司的盈利能力及增长性分析

衡量公司现实的盈利能力以及通过分析各种资料而对公司将来的盈利能力作出预测是我们必须要掌握的方法。

3. 公司的经营管理能力分析

公司的经营管理能力分析主要包括各层管理人员素质及能力分析、企业经营效率分析、内部调控机构效率分析、人事管理效率评估、生产调度效率分析。

四、证券投资的财务分析

分析评估上市公司在何种程度上执行了既定的战略，是否达到了公司确定的目标。财务分析的基本工具有两种：比率分析和现金流量分析。

(1) 财务报告主要是思想的分析。

(2) 财务比率。主要分析的比率有流动比率、速动比率、利息支付倍数、应收账款周转率、资产负债比率、销售毛利率、资产收益率、主营业务利润率、普通股获利率、股息发放率、市盈率、投资收益率、每股净资产、净资产倍率、资本化比率、固定资产净值率等财务指标。

思政融入案例

一、瑞幸财务丑闻回顾

美国东部时间 4 月 2 日上午，瑞幸咖啡向美国证券交易委员会(SEC)提供了一份报告，正式对外承认了财务造假。消息发布后，两个交易日内，瑞幸咖啡的股价暴跌了80%。瑞幸咖啡可能因此面临投资者的集体诉讼和美国 SEC 的巨额罚单。

其实早在 2020 年 1 月月底，浑水公司就发布过沽空报告，指明瑞幸咖啡严重夸大了2019 年第三季度和第四季度的业绩，瑞幸的股价因此下跌了 10%，同时美国的一些律师事务所向瑞幸提出了集体诉讼。

上市公司爆出财务丑闻不断发生，笔者选取了一个代表案例来研读，看看从这个案例中政府及资本市场吸取了哪些教训，事后作出了哪些应对机制来防止财务造假。

二、安然公司财务丑闻

安然公司曾经是世界上最大的能源、商品和服务公司之一。2001 年 12 月 2 日，安然公司突然向九月破产法院申请破产保护，以资产总额 498 亿美元成为美国历史上第二大破产案，原因就是财务造假被披露。

安然的财务造假手段主要有以下几个：第一，隐瞒巨额债务。安然公司未将两个特殊目的实体的资产负债纳入合并会计报表，但将其利润包括在公司的业绩之中，从而使安然的利润高估了 5.91 亿美元，负债低估了 25.85 亿美元。第二，利用担保合同，虚列应收票据和股东权益共计 12 亿美元。第三，将未来不确定的收益计入本期收益，并未充分披露其不确定性。第四，1997 年年末将注册会计师提请调整的事项入账。该事项影响当期利润0.5 亿美元，而安达信会计师事务所默许了此行为，安达信也因此丑闻解体。第五，虚增利润 13 亿美元。第六，财务信息披露涉嫌故意遗漏和误导性陈述。

当时作为安然公司审计机构的安达信会计师事务所，在为安然公司提供审计服务的同时，还为其提供了大量的咨询服务，而且咨询服务的费用远远超过了审计服务的费用。也正是因为如此，安达信销毁了与安然审计有关的文件档案，阻碍了司法机关对于安然财务造假的调查。

安然事件的最终结果是作为第五大会计师事务所的安达信解体，安然的交易对象和投资关联方都损失惨重。

安然事件加上世通事件引起了美国政府和国会的高度重视，从而出台了萨班斯法案，其中最重要的两条就是：一是改进公司治理结构，加强内控管理；二是强化审计独立性和对审计的监督。

三、瑞幸咖啡财务造假的法律责任

瑞幸咖啡财务造假 22 亿元等违法操作将面临民事、行政、刑事的连番轰炸。首先，美国已有多家律师事务所对瑞幸咖啡提起集体诉讼，控告瑞幸咖啡做出虚假陈述和误导性陈述，违反美国证券法。在美国，由证券律师主导的集体诉讼制度已经发展得极为成熟，瑞幸咖啡将面临巨额赔偿已经是板上钉钉的事实。

其次，美国证监会向来不会对证券欺诈行为手软，以安然公司造假的经验来看，瑞幸咖啡遭受巨额重罚，甚至退市破产都存在极大的可能性。

最后，瑞幸咖啡逃不过美国刑事罚金的制裁。根据美国《萨班斯——奥克斯利法案》，相关罚款、没收和刑事罚金都将纳入公平基金中，用于赔偿投资者。就公司内部个人的责任来说，目前瑞星公司公告声称责任在 COO 以及其下属 4 人身上，未波及控股股东、实际控制人和董监高，但具体如何还有待证监会等监管部门的调查。一旦上述主体存在恶意欺诈行为，将可能面临索赔、市场禁入甚至入狱的处罚。

案例点评：对于中国资本市场而言，应对上市公司造假、保护投资者权益首先应引入集体诉讼和索赔制度，通过投资者、律师和上市公司的博弈机制设计，极大地提高上市公司造假的成本和风险，从而形成威慑。其次要适度发展独立的研究机构。券商的研究机构由于利益关联，很难对上市公司作出卖空或者不利的研究报告。发展像浑水这样的独立研究机构，能够提高市场对于造假公司的识别和发现能力，对投资者的权益保护是有利的。

（资料来源：瑞幸咖啡财务造假事件案例研究。360 文库，
https://wenku.so.com/d/1d5c58b210749fc7786d7d0fdfa81bca)

 **实验思考**

证券公司应该如何做好投资者适当性教育？

综 合 实 训

一、证券模拟交易过程记录表(投资经理用表)

(该部分表格分为投资团队规划表和周投资计划表。投资经理要带领团队成员一起制订相应计划。所有计划的制订要由所有的组员和投资经理一起研究后,共同完成;当意见不能统一时,为了保证运转效率,投资经理拥有最终决策权)

投资团队规划表	
投资理念	
预定目标	
投资策略	
投资组合	
总体执行计划	
团队成员分工	

第七周投资计划表			
周大盘走势分析			
周预定目标			
重点关注的行业分析			
投资组合分析			
已有股票分析			
新股分析			
周执行计划			
周投资小结	上证综指	开盘	
		收盘	
	深证成指	开盘	
		收盘	
	大盘分析		
	次周大盘走势预测		
	当周交易的股票		
	持有股票发展趋势分析		

第八周投资计划表

周大盘走势分析			
周预定目标			
重点关注的行业分析			
投资组合分析			
已有股票分析			
新股分析			
周执行计划			
周投资小结	上证综指	开盘	
		收盘	
	深证成指	开盘	
		收盘	
	大盘分析		
	次周大盘走势预测		
	当周交易的股票		
	持有股票发展趋势分析		

第九周投资计划表

周大盘走势分析			
周预定目标			
重点关注的行业分析			
投资组合分析			
已有股票分析			
新股分析			
周执行计划			
周投资小结	上证综指	开盘	
		收盘	
	深证成指	开盘	
		收盘	
	大盘分析		
	次周大盘走势预测		
	当周交易的股票		
	持有股票发展趋势分析		

二、证券模拟交易过程记录表(操盘手用表)

(各团队选出一个成员作为操盘手,执行投资经理下达的买入和卖出指令,并记录每天买进卖出的股票基本情况以及买进卖出的价格、时间、数量、盈亏情况等)

证券交易过程记录								
股票名称	代码	所属板块	买入价	买入日期	卖出价	卖出日期	成交量	涨跌(百分比)

三、证券模拟交易过程记录表(财务总监用表)

(各团队选出一个财务总监,记录买进卖出股票使用的资金情况、每周及整个学期现金流信息,计算盈亏以及总资产等)

账户交易记录表							
时　间	买入股票支出现金	卖出股票收到现金	持股市值	盈利额	亏损额	持有现金	总资产
第七周							
第八周							
第九周							
持股市值			持有现金				
总资产		盈亏额			盈亏率		

四、证券模拟交易过程记录表(所有成员用表)

(各团队所有成员包括投资经理在内的每个人都是证券分析师,都要对 1~3 个行业或板块进行分析,分析行业和板块的整体发展情况,并对行业或板块中的个股进行分析;选出最关注的股票,并进行深入的整体分析和跟踪分析,为整个团队的投资组合和股票选择提供有价值的参考。这样团队每个成员在实训中能充分发挥自己的作用)

重点关注板块一　行业/板块分析记录表	
行业/板块名称	
行业/板块发展状况	
行业/板块特点	
行业/板块整体走势	
影响行业/板块的主要因素分析	

重点关注板块一　行业/板块分析记录表

影响行业/板块的重大事件/宏观经济政策	
行业/板块的股票数量	
行业/板块的重点股票名称和代码	
重点关注的股票名称和代码	

行业/板块重点股票分析记录表(1)

股票名称		代码	
公司概况(基本资料、发行上市、关联企业等)			
股东研究(控股股东、股东变动、基金持股等)			
主力追踪(机构持股比例、股东户数等)			
财务分析(财务指标、异动分析等)			
经营分析(主营业务构成、投资收益等)			
重大事项(资产重组、兼并、风险提示等)			
关联个股(同一控股股东或相关企业)			
股票技术分析			
股票技术指标分析			

个股走势跟踪记录表
(影响个股基本面、技术面等重要信息的追踪记录)

日期	
日期	
日期	

行业/板块重点股票分析记录表(2)

股票名称		代码	
公司概况(基本资料、发行上市、关联企业等)			
股东研究(控股股东、股东变动、基金持股等)			
主力追踪(机构持股比例、股东户数等)			
财务分析(财务指标、异动分析等)			
经营分析(主营业务构成、投资收益等)			
重大事项(资产重组、兼并、风险提示等)			
关联个股(同一控股股东或相关企业)			
股票技术分析			
股票技术指标分析			

个股走势跟踪记录表
(影响个股基本面、技术面等重要信息的追踪记录)

日期	
日期	
日期	

重点关注板块二 行业/板块分析记录表

行业/板块名称	
行业/板块发展状况	
行业/板块特点	
行业/板块整体走势	
影响行业/板块的主要因素分析	
影响行业/板块的重大事件/宏观经济政策	
行业/板块的股票数量	
行业/板块的重点股票名称和代码	
重点关注的股票名称和代码	

行业/板块重点股票分析记录表(3)

股票名称		代码	
公司概况(基本资料、发行上市、关联企业等)			
股东研究(控股股东、股东变动、基金持股等)			
主力追踪(机构持股比例、股东户数等)			
财务分析(财务指标、异动分析等)			
经营分析(主营业务构成、投资收益等)			
重大事项(资产重组、兼并、风险提示等)			
关联个股(同一控股股东或相关企业)			
股票技术分析			
股票技术指标分析			

个股走势跟踪记录表
(影响个股基本面、技术面等重要信息的追踪记录)

日期	
日期	
日期	

行业/板块重点股票分析记录表(4)

股票名称		代码	
公司概况(基本资料、发行上市、关联企业等)			
股东研究(控股股东、股东变动、基金持股等)			
主力追踪(机构持股比例、股东户数等)			
财务分析(财务指标、异动分析等)			
经营分析(主营业务构成、投资收益等)			
重大事项(资产重组、兼并、风险提示等)			
关联个股(同一控股股东或相关企业)			
股票技术分析			
股票技术指标分析			

个股走势跟踪记录表
(影响个股基本面、技术面等重要信息的追踪记录)

日期	
日期	
日期	

五、实盘操作的总结(周/次)

证券交易的目标是盈利,即如何利用有限的资金获得更多的投资回报。那么,我们应该从如何获得更多的投资回报入手对实盘操作进行再思考(思考以下几个方面,并把结果写在下面的方框中)。

(1) 我们投资获取成功,成功的地方在哪里?

(2) 投资成功的经验是什么?

(3) 我们投资为什么失败?

(4) 投资失败的地方在哪里?失败是怎样造成的?

第七周
第八周

<table>
<tr><td>第九周</td></tr>
<tr><td>

</td></tr>
</table>

证券模拟交易过程的总结

(1) 简要描述所在团队证券投资模拟情况。

(2) 分析所在团队成败的关键。

(3) 总结所担任角色的得失。

六、指导教师总评与成绩评定分析

<table>
<tr><td>指导教师评语

</td></tr>
</table>

成绩评定

出　勤	投资成绩	总　成　绩	等　级
1			1
2			2
3			3
4			4
5			5